Fotos:
Rolf Bäppler · Thomas Kaiser · Hans-Peter Schaub

DER PFÄLZERWALD

Hans-Peter Schaub

G. Braun

Bildnachweis

Rolf Bäppler: Großes Titelbild, 4/5, 8, 9, 10/11, 12/13, 14, 15, 16, 17, 19, 20 u., 20/21, 23, 24, 26 l., 28, 29, 30, 32, 33, 35 r., 38, 39, 50/51 o., 54/55, 56/57, 57 u., 61 l., 71, 80/81, 85 l., 87

Thomas Kaiser: Kleines Titelbild o., 65 r., 67 u., 68, 68/69, 79 u., 80, 83, 92 l. u., 93 (2), 116 r.

Karsten Mosebach: 85 r., 109, 117

Alle übrigen Fotos: Dr. Hans-Peter Schaub

Vorhergehende Seite:

Der Altschloß-Felsen bei Eppenbrunn zählt zu den eindrucksvollsten Buntsandstein-Formationen des Pfälzerwaldes. Zahlreiche Erosionsphänomäne wie Felsentore, Klüfte und Grotten lassen sich hier auf engem Raum erkunden.

G. BRAUN BUCHVERLAG

Karl-Friedrich-Straße 14–18, 76133 Karlsruhe
Internet: http://www.gbraun.de
Gestaltung: Robert Dreikluft
Lithos: Specht-Reprotechnik, Karlsruhe

Die Deutsche Bibliothek – CIP-Einheitsaufnahme

Der **Pfälzerwald** : Pflanzen - Tiere - Felsen / Hans-Peter Schaub.
Fotos: Rolf Bäppler ... - Karlsruhe : Braun, 1999
ISBN 3-7650-8203-1

INHALT

Blick vom Weinbiet
bei Neustadt.

Wie ein steiler Wall erhebt sich der Pfälzerwald über das sanfte Hügelland der Weinstraße.

VORWORT

Umgeben von den Niederungen der Saar und des Rheins erhebt sich der Pfälzerwald als gewaltige grüne Insel aus einer dicht besiedelten Industrielandschaft. Schon der Blick auf die Landkarte verheißt beschauliche Ruhe. Die Maschen des Straßennetzes sind hier ungleich weiter gewebt, größere oder gar Großstädte in seinem Innern überhaupt nicht zu finden. Scharf ist der Kontrast zwischen fruchtbarer Reblandschaft der Weinstraße und dem dahinter, wie eine dunkle Mauer aufragenden, gebirgigen Waldland. Mit gut 1700 Quadratkilometern ist es das größte zusammenhängende Waldgebiet Deutschlands. Daß sich hier, mitten in Europa, ein so ausgedehnter Wald erhalten konnte, hat einen banalen Grund: Der Boden ist schlicht zu unfruchtbar für eine ertragreiche Landwirtschaft.

Der Wald hat im wahrsten Sinne des Wortes auf Sand gebaut, auf Sandstein, um genau zu sein. Der aber gibt nur magere Böden, und so verwundert die dünne Besiedlung nicht. Mehr Menschen konnte das Land nicht ernähren. Heute, im Zeitalter der Supermärkte, wäre die Versorgung der Menschen kein Problem, aber während sich in den umliegenden Bereichen über Jahrhunderte ein dichtes Wegenetz entwickelt hat, eine vielschichtige Infrastruktur gewachsen ist, blieb der große Wald bis heute sowohl von großen Ansiedlungen als auch allzu vielen Straßen verschont. Neigte man früher dazu, solche Regionen als hinterwäldlerisch zu verspotten, so zeigt sich jetzt, wo Natur zum immer kostbareren Gut wird, daß Abgeschiedenheit und Stille das eigentliche Kapital dieser wundervollen Landschaft sind.

Freilich gibt es in Mitteleuropa kaum einen Quadratmeter, der nicht zu irgendeiner Zeit direktem oder indirektem menschlichen Einfluß unterworfen war. So ist auch der Pfälzerwald längst von der Natur- zur Kulturlandschaft geworden. Die Forstwirtschaft bestimmt, welche Bäume wo zu wachsen haben. Die spärliche Landwirtschaft brachte mit Äckern, Weiden und Wiesen neue Strukturen in die Waldlandschaft, die vielen Tieren und Pflanzen ein Leben erst ermöglichten. Werden vielerorts die negativen Folgen einer immer stärker industrialisierten Landwirtschaft zu recht kritisiert, so stellt sich im Pfälzerwald das gegenteilige Problem. Landwirte geben ihr Land auf, weil sie auf dem kargen Boden nicht ertragreich wirtschaften können. Die Folge ist eine dramatische Zunahme der Brachflächen in den letzten Jahrzehnten und damit eine Verarmung der Landschaft, Flora und Fauna. Wenn die Brachen auch nicht immer künstlich aufgeforstet werden, so holt sich doch der Wald auf natürlichem Wege langsam das einst verlorene Terrain wieder zurück.

Zwar bedeckt Wald zwischen 70 und 90 Prozent der Fläche, dennoch sollte man nicht annehmen, der Pfälzerwald sei monoton. Zerfurcht und faltig, mit weiten und engen Tälern, sanften Hügeln und schroffen Bergkuppen ist allein schon das Relief abwechslungsreich. Im Wasgau ragen markante Bastionen aus Buntsandstein aus dem Waldmeer. Ihre Formen regen seit jeher die Fantasie der hier wohnenden Menschen an, sind Ursprung vieler Sagen und Mythen. Lichte Kiefernforste, mediterran anmutende Edelkastanienwälder und artenreichen Laubmischwald mit vielhundertjährigen Baumriesen kann man auf Wanderungen durchstreifen. Tiere, die viel Platz und Ruhe brauchen, wie der Rothirsch und die scheue, meist nachtaktive Wildkatze, fühlen sich hier wohl.

Zusammen mit den Nordvogesen bildet der Pfälzerwald das größte Waldgebiet Mitteleuropas, und wo, wenn nicht hier, könnte Europas größte Raubkatze, der Luchs, wieder heimisch werden? In den letzten Jahren nahm die Zahl von Luchssichtungen stetig zu, und die Hoffnung scheint berechtigt, daß sich langfristig wieder ein stabiler Bestand entwickeln kann. Politische Grenzen existieren für den Luchs nicht, und so könnte gerade er zum Symboltier für ein ehrgeiziges Projekt werden: Durch die Etablierung eines grenzüberschreitenden UNESCO-Biosphärenreservates Pfälzerwald/Nordvogesen soll europäische Einigung im Interesse der Natur hier bald konkrete Form annehmen.

Aber nicht nur Wald, sondern auch ganz andere Lebensräume gibt es zu entdecken. Teilweise längst aufgegebene Fischteiche wurden Heimat zahlreicher, andernorts seltener Tiere und Pflanzen. Feuchte und trockene Wiesen begeistern mit bunter Vielfalt von Blüten und Insekten; selbst die scheinbar kargen Felsen und sandigen Böschungen halten für den aufmerksamen Beobachter so manche Überraschung bereit.

Für mich ist jede Wanderung durch den Pfälzerwald eine spannende Entdeckungsreise, und kein Ausflug vergeht ohne neue Eindrücke. Einige dieser Entdeckungen möchte ich mit diesem Buch vermitteln, die Auswahl ist höchst subjektiv, gleichwohl keineswegs willkürlich. Natürlich werden auch Tiere vorgestellt, denen man unter Umständen nie begegnen wird, obwohl sie keineswegs selten sind, wie etwa die Wildkatze. Nicht die raren, außergewöhnlichen Tiere und Pflanzen aber spielen im vorliegenden Buch die Hauptrolle, sondern die, denen man auf seinen Streifzügen auch mit einiger Wahrscheinlichkeit immer mal wieder begegnet. Genaues Hinschauen wird auch bei scheinbar Alltäglichem mit überraschenden Einsichten belohnt. Sie werden es sehen!

Danken möchte ich zum Schluß allen, die mir bei der Umsetzung der Idee zum vorliegenden Buch behilflich waren. Besonderer Dank gebührt Astrid Wiesenthal für vielfältige Unterstützung unterwegs und zu Hause sowie für die kritische Durchsicht des Manuskripts, außerdem den Mitarbeitern des Pfalzmuseums für Naturkunde mit deren Leiter Dr. Reinhard Flößer für so manchen nützlichen Hinweis und die Benutzung der Bibliothek.

Frühmorgens liegen noch Nebelschleier über den offenen, weitverzweigten Tälern des Wasgaus. Blick von der Burgruine Lindelbrunn auf den Asselstein und die Burg Trifels bei Annweiler.

Von der Madenburg
eröffnet sich ein weiter
Blick über die dicht
bewaldeten, herbstlich
bunten Berge des süd-
lichen Pfälzerwaldes.

VON DER WÜSTE ZUM WALDLAND

Wissenswertes zur Geologie und Geographie

„Der Anblick des Gebirges von der Rheinseite her ist einmalig schön. Wie ein steiler Wall taucht es vor dem sich Nähernden, je nach Tageszeit und Wetterlage in allen Tönungen von rötlich schimmernd bis blauschwarz, aus dem Dunst des Rheintals auf. Klar und scharf, überragt von einzelnen Berghäuptern zeichnen sich seine Linien (...) am Horizont ab. Beim Näherkommen sehen wir, daß die Berge aber nicht, wie es von weithin den Anschein hat, in zusammenhängendem Kamm sich aneinanderreihen, daß sie vielmehr durch tiefe, nach der Ebene sich öffnende Quertäler zerschnitten sind, daß sie auch nicht unvermittelt aus dem Flachland aufsteigen, sondern von einer besonders im Süden ausgebildeten Hügelzone begleitet sind, der weinberühmten Haardt." So schrieb Oberlandforstmeister Friedrich Hauck in seinem Buch „Unser Juwel, der Pfälzerwald" vor gut vierzig Jahren, und genauso erleben viele auch heute ihre erste Anfahrt zum Pfälzerwald. Wie ein grüner Keil schiebt dieser sich zwischen die dicht besiedelten und intensiv landwirtschaftlich genutzten Regionen an Saar und Rhein. Und nicht zuletzt, weil bei der Anfahrt diese Ballungsräume durchquert werden müssen, empfindet man die Ruhe in der großräumigen Waldlandschaft als besonders angenehm.

Im August 1843 war es, als bei Johanniskreuz, im Herzen des Gebietes, welches wir heute unter dem Namen Pfälzerwald kennen, eine Anzahl pfälzischer Forstbeamten zusammenkam, um allgemeine Regeln für die Waldwirtschaft und Waldpflege festzulegen. Die Ergebnisse wurden 1845 in einer Denkschrift veröffentlicht, und diese trug den Titel *„Forstlich charakteristische Skizze der Waldungen auf dem bunten Sandsteingebirge der Pfalz, welche hier unter dem Namen Pfälzerwald bezeichnet werden".* Die Bezeich-

nung „Pfälzerwald" taucht hier erstmals auf. Zuvor hatte man das Gebiet überhaupt nicht als einheitlichen Raum wahrgenommen. Es dauerte dann allerdings viele Jahrzehnte, bis sich die Bezeichnung auch im Volksmund durchsetzte. Selbst heute noch geistern Begriffe wie Haardtwald oder Haardtgebirge durch die Medien, und auch die Schreibweise in einem Wort „Pfälzerwald" analog zu anderen waldreichen Mittelgebirgen wie Schwarzwald, Odenwald oder Böhmerwald konnte sich noch nicht vollständig durchsetzen.

Wald – so weit das Auge reicht

Verbindet man die Orte Grünstadt im Nordosten, Weilerbach im Nordwesten, Eppenbrunn im Südwesten und Schweigen im Südosten durch eine Linie, so erhält man ein etwas unregelmäßiges Viereck auf der Landkarte, welches recht genau den Naturraum Pfälzerwald umschließt. Mit einer Flächenausdehnung von knapp 1600 km^2, einer Nord-Süd-Erstreckung von etwa 60 km und einer Breite von 30 bis 40 km ist er Deutschlands größtes zusammenhängendes Waldgebiet. Geologisch handelt es sich beim Pfälzerwald um nichts anderes als die Fortsetzung der französischen Nordvogesen. Betrachtet man die lediglich durch eine politische Grenze getrennten Gebiete als naturräumliche Einheit, so bilden beide zusammen mit einer Fläche von rund 2800 km^2 sogar das größte zusammenhängende Waldgebiet Mitteleuropas. Vieles, was im folgenden über die geologischen, geographischen und biologischen Besonderheiten des Pfälzerwaldes zu lesen ist, gilt daher ebenso für die Nordvogesen.

Wie wir sehen werden, setzt sich das dicht bewaldete Mittelgebirge landschaftlich, kulturell

Zahlreiche natürlich entstandene Fenster und Tore in den skurrilen Felsbastionen eröffnen ganz besondere Ausblicke, wie hier vom Rötzenberg auf Lindelbrunn.

und auch im Hinblick auf seine Tier- und Pflanzenwelt deutlich von den benachbarten Gebieten im Osten, Norden und Westen ab. Man mag sich fragen, warum ausgerechnet hier, in unmittelbarer Nachbarschaft zum fruchtbaren, klimatisch begünstigten Oberrheintal, ein Waldgebiet dieser Ausdehnung bestehen konnte. Wir finden die Antwort dafür buchstäblich unter unseren Füßen: es ist der Untergrund, und der besteht aus Buntsandstein. Da dieser so entscheidend für den Charakter der Landschaft ist und in Form von spektakulären Felsgebilden, insbesondere im südlichen Pfälzerwald, auch direkt ihr Gesicht prägt, wollen wir uns zunächst etwas näher mit der erdgeschichtlichen Entwicklung des dichtbewaldeten Buntsandsteingebirges befassen.

Erst Wüste, dann Meer

Zahlen entziehen sich ab einer bestimmten Größe unserer Vorstellungskraft, und entsprechend schwer fällt es, sich auszumalen, wie groß ein Zeitraum von 230 Millionen Jahren ist und was darin alles geschehen kann. Vor 230 Millionen Jahren nämlich, zu Beginn der Trias-Periode, begann der Sand sich abzulagern, welcher im Laufe nachfolgender Jahrmillionen zum Sandstein wurde und so den Boden darstellt, auf dem wir uns durch den Pfälzerwald bewegen. Aus der Tatsache, daß wir heute wieder über eine Schicht laufen können, die vor so langer Zeit gebildet wurde, zu schließen, daß sich zwischenzeitlich nicht allzuviel getan haben kann, ist allerdings völlig falsch.

Sand ist nichts anderes als das Ergebnis der Verwitterung und Erosion von Felsen, und so ist der 230 bis 220 Millionen Jahre alte Buntsandstein der Pfalz vor allem Verwitterungsschutt noch älterer Gebirge. Die Ablagerung des Sandes erfolgte in einer Landschaft, die – kaum zu glauben – sehr stark der heutigen Sahara ähnelte. Sie war Randgebiet einer großen Senke, des Germanischen Beckens. Seltene heftige Regenfälle füllten ein von Südwest nach

Nur einer von zahllosen Tisch- und Pilzfelsen im Pfälzerwald ist der Teufelstisch bei Hinterweidental. Seine Größe und die exponierte Lage machen ihn aber zum bekanntesten von allen.

Nordost verlaufendes, verzweigtes System von Trockentälern oder Wadis sporadisch mit Wasser. Sand, Kies und Geröll wurde in diesen, so unter anderem aus dem Bereich des heutigen französischen Zentralmassivs, in das Becken eingeschwemmt. Dieses senkte sich stetig weiter ab, einströmendes Wasser konnte nicht mehr abfließen, in den sich bildenden flachen Seen setzten sich feinkörniger Sand und Schluff ab. Wind blies aus den trockenfallenden Geröllbänken an den Ausgängen der Wadis den Sand heraus, wehte ihn zu Dünen auf. Je nach Zustandekommen dieser Ablagerungen weisen die daraus hervorgegangenen Gesteinsschichten unterschiedliche Härte und Korngröße, einen spezifischen Gehalt verschiedener Mineralien und – damit zusammenhängend – auch Farbunterschiede auf. Oxidiertes Eisen, in unterschiedlichen Konzentrationen im Gestein gebunden, ist hauptverantwortlich für die vielfältigen Rot- und Ockertöne des Gesteins. Diese reichen von hellgelb bis zum tiefen Braunrot, und sie sind es, die den Namen Buntsandstein rechtfertigen.

Besonders an den freistehenden Felsformationen im Wasgau, dem südlichen Pfälzerwald, läßt sich der Verlauf der Ablagerung sehr gut beobachten. Aus der Anordnung und Struktur der Schichten kann man recht zuverlässig auf die Bedingungen schließen, unter denen die Ablagerungen erfolgten. Dünne, sich kreuzende Lagen, die in der senkrechten Wand aussehen wie mächtige Pinselstriche, deuten auf eine häufig wechselnde Fließrichtung des ablagernden Gewässers hin. Gelegentlich finden wir durch die Abtragung wieder freigelegte, versteinerte Rippelmarken. Deren Entstehung können wir auch heute in Flachwasserbereichen mit sandigem Untergrund beobachten. Ein hoher Gehalt grober Kiesel kann auf die Ablagerung in zeitweilig stark wasserführenden Flußbetten zurückgeführt werden, während feinkörnige Sandsteinschichten häufig aus ehemaligem Dünensand entstanden.

Fast filigran erscheint diese mächtige Felsnadel. Sie ist Teil des Lämmerfels-Massivs bei Dahn.

Der Steinerne Tisch
bei Böllenborn.

Längst abgetragen – Ablagerungen alter Meere

Mit der Ablagerung des Buntsandsteins könnte unser Ausflug in die Erdgeschichte eigentlich zu Ende sein, denn nichts anderes begegnet uns ja heutzutage im Pfälzerwald. Bewegt man sich aber nur wenig weiter nach Westen, hin zur Westricher Hochfläche, so findet man hier Muschelkalk in den oberen Schichten. Dieser stammt aus einer Zeit, als das Germanische Becken ein Meer war. Zur Mitte des Trias-Zeitalters, vor 220 bis 210 Millionen Jahren, drang dieses von Süden her ein. Über einen Zeitraum von mehr als 50 Millionen Jahren, bis in das Jura-Zeitalter hinein, kam es zur Ablagerung mariner Sedimente. Die 500 m mächtige Buntsandsteinschicht aus dem frühen Trias wurde in dieser Periode von einem insgesamt 800 m hohen Paket unterschiedlicher Gesteine überlagert.
Eine 190 m dicke Lage aus Muschelkalk stellt die älteste in dieser Abfolge dar, und eben jene begegnet uns am Westsaum des Pfälzerwaldes im Bereich der Westricher Hochfläche.
Während der Kreidezeit, vor 135 bis 65 Millionen Jahren, war der heutige Pfälzerwald Bestandteil einer Festlandbrücke, die von Nordwestfrankreich bis nach Böhmen reichte. Der Muschelkalk und die darüberliegenden Schichten, die sich in der späten Trias bis zum ausgehenden Jura-Zeitalter vor ca. 150 Millionen Jahren gebildet hatten (Keuper, Lias und Dogger), waren seither der stetig wirkenden Erosion und Verwitterung ausgesetzt und wurden im Bereich des Pfälzerwaldes vollständig abgetragen. Wie aber kam es zu der unterschiedlichen Verteilung der Sedimente, warum finden wir im Bereich des Pfälzerwaldes heute die älteren Schichten des Buntsandsteins, im Westrich dagegen den jüngeren Muschelkalk?

Der große Graben

Die Ursache hängt mit der Entstehung des Oberrheingrabens zusammen. Vor rund 60 Millionen Jahren, im Tertiär, stießen im Bereich des

Eine Frage der Perspektive: Von der Seite betrachtet erscheint der Wöllmers-Berg bei Bruchweiler-Bärenbach als gewaltiger Klotz, steht man vor der Stirnseite, so entpuppt er sich als schmale, fast zerbrechlich erscheinende Mauer.

Wie ein riesiger Pilz erhebt sich der Kanzelfels bei Pirmasens aus dem Boden des Buchenwaldes.

heutigen Mittelmeeres die afrikanische mit den europäisch-eurasischen Kontinentalplatten zusammen. In der Folge dieser Kollision kam es zur Auffaltung der Alpen. Im Laufe mehrerer Jahrmillionen wurde ein Gebiet (u. a. die heutige Schweiz), welches einstmals über 600 km breit war, auf 150 km gestaucht und zum Hochgebirge aufgetürmt. Dadurch erreichte die Erdkruste unter den Alpen eine Dicke von bis zu 70 km (die durchschnittliche Dicke beträgt lediglich 40 km). Aufgrund dieser gewaltigen Drucklast wölbte sie sich nordwestlich der Alpen wellenförmig auf, ganz so, wie wenn man mit der Hand einen Teppich nach vorne schiebt. Im Scheitelpunkt dieser Aufwölbung kam es zu einem Bruch. Der Oberrheingraben entstand. Aus den Grabenrändern entstanden rechtsrheinisch der Schwarzwald und, getrennt durch den Kraichgau, der sich nördlich anschließende Odenwald. Gegenstück auf der linken Rheinseite sind die Vogesen, die nach Norden in den Pfälzerwald übergehen. Im Laufe der vergangenen 50 Millionen Jahre senkte sich der Oberrheingraben um erstaunliche 3,3 km in die Tiefe. Das entspricht einem jährlichen Durchschnitt von nur 0,07 mm, veranschaulicht aber, wie groß die abstrakte Zeitspanne von 50 Millionen Jahren ist. Tatsächlich findet dieser Prozeß auch heute noch statt. Die jährliche Absenkung beträgt zwischen 0,1 bis 1 mm pro Jahr. Es klingt dramatisch, wenn Geologen in diesem Zusammenhang von einem „Einbrechen" des Oberrheingrabens sprechen. Daß wir praktisch nichts davon bemerken, macht uns bewußt, in welchem Verhältnis ein Menschenalter zur Zeitdauer erdgeschichtlicher Abläufe steht.
Während sich also die Sohle des Oberrheingrabens um 3,3 km absenkte, hob sich gleichzeitig der Grabenrand im Bereich des heutigen Pfäl-

Braut und Bräutigam bei Dahn. Viele Felsformationen gaben aufgrund ihrer charakteristischen Form Anlaß zur Bildung von Sagen und Legenden.

zerwaldes um bis zu 1200 m in die Höhe. Das macht an der Bruchkante zusammen eine vertikale Verschiebung von 4,5 km. Dagegen nimmt sich der Grand Canyon im Südwesten der USA mit einer Tiefe von 1,6 km recht bescheiden aus. Blickt man allerdings heute von der höchsten Erhebung des Pfälzerwaldes, der Kalmit (672 m), südwestlich von Neustadt a. d. Weinstraße, in das nur 500 m tiefer gelegene Rheintal hinab, mag manch einer an den gut belegten Aussagen der Geologen zweifeln. Da Absenkung der Sohle und Anhebung der Ränder aber nach unseren Maßstäben relativ langsam erfolgten, konnten die natürlichen Erosionsprozesse diese Bewegungen nahezu ausgleichen. Je weiter sich die Grabenränder heraushoben, um so intensiver wirkte die Erosion. Im Bereich des Grabenrandes wurden die jungen, oben liegenden Gesteinsschichten abgehobelt, der entstehende Schutt von den sich immer tiefer eingrabenden Bächen und Flüssen ins Rheintal getragen und dieses dabei aufgefüllt. Durch die Anhebung kam es zu einer nach Westen abfallenden Schrägstellung der Gesteinsschichten, und genau dies ist der Grund, warum wir im Bereich der Westricher Hochfläche, am Westrand des Pfälzerwaldes, noch auf den im Vergleich zum Buntsandstein jüngeren Muschelkalk treffen.
Die Hebung des Grabenrandes erfolgte nicht gleichmäßig über die gesamte Nord-Süd-Erstreckung. Das hat zur Folge, daß im nördlichen, mittleren und südlichen Pfälzerwald heute jeweils andere Schichten des Buntsandsteins an die Oberfläche treten und aufgrund ihrer spezifischen Eigenschaften zur Ausbildung sehr unterschiedlicher Landschaftsbilder führten. Während sich im Norden relativ niedrige Berge nur wenig über sanft gewelltes Land erheben,

Der Teufelstisch bei Salzwoog. Es braucht nur wenig Phantasie, um ein menschliches Gesicht in diesem Felsgebilde zu entdecken.

ist der mittlere Pfälzerwald geprägt von tief eingeschnittenen Tälern mit steilen Hängen. Im Süden, dem Wasgau, finden wir die abwechslungsreichste Landschaft. Weite und enge Täler, überragt von Bergen, die nicht selten an Vulkankegel erinnern, oft gekrönt von mächtigen Felsformationen, sorgen für vielfältige Eindrücke.

Die Schichtfolgen des Buntsandsteins

Der Wechsel der Bedingungen, unter denen die Ablagerung des Sandsteins erfolgte, teils in Wasser, teils durch Wind angeweht, führte zur Ausbildung deutlich unterscheidbarer Sandsteinschichten. Drei Hauptschichten, getrennt durch zwei Lagen grobkörniger Konglomerate, lassen sich im Buntsandstein des Pfälzerwaldes unterscheiden: Der Untere, Mittlere und Obere Buntsandstein. Das Eck'sche Konglomerat trennt den Unteren vom Mittleren Buntsandstein, das Hauptkonglomerat dagegen sorgt für die Trennung von Mittlerem und Oberem Buntsandstein.

Im Wasgau bildet der Untere Buntsandstein den Boden der weiten, ebenen Täler. Er ist hier feinkörnig mit hohem Tonanteil und verwittert zu relativ nährstoffreichen Böden. Dementsprechend ist in diesem Bereich des Pfälzerwaldes auch eine einigermaßen ertragbringende Landwirtschaft möglich. Der Waldanteil beträgt etwa 80 Prozent, im Südosten noch etwas weniger. Die Wasgau-Berge dagegen sind vor allem den unteren Schichten des Mittleren Buntsandsteins zuzuordnen.

Im mittleren Pfälzerwald dagegen dominiert der Mittlere Buntsandstein. Er ist mit rund 400 m der mächtigste der drei Schichtkomplexe. Aus diesem sehr quarzreichen Sandstein, der wenig Feldspat und Glimmer enthält, entstehen durch Verwitterung extrem nährstoffarme, steinige, wasserdurchlässige Sandböden. Landwirtschaft beschränkt sich auf die wenigen günstigen Bereiche, wo sich fruchtbarer Löß ablagern konnte, entsprechend hoch (bis zu 90 Prozent) ist daher der Waldanteil.

Der Untere Buntsandstein bildet, ähnlich wie im südlichen, auch im nördlichen Pfälzerwald den Boden. Allerdings ist die Landschaft hier weniger von Tälern als von weiträumigen Verebnungen geprägt, die nur wenig von niedrigen Bergen überragt werden. Hier finden sich auch ausgedehnte Rodungsinseln mit landwirtschaftlicher Nutzung. Der Waldanteil ist daher mit *nur* ca. 70 Prozent für Pfälzerwald-Verhältnisse relativ gering.

Der Mittlere Buntsandstein bildet die Basis des Gebirges

Der Mittlere Buntsandstein läßt sich wiederum in drei Schichten unterteilen. Die unterste und damit älteste ist die etwa 70 – 80 m mächtige Trifels-Schicht (benannt nach der Burg Trifels bei Annweiler im südlichen Pfälzerwald). Der durch Kieselsäuren verfestigte Trifels-Sandstein ist sehr widerstandsfähig. Aus ihm vor allem bestehen die markanten Felsbastionen des Wasgaus.

Auf die Trifels- folgt die 60 – 200 m dicke Rehbergschicht (benannt nach einem südlich von Annweiler gelegenen 460 m hohen Berg). In dieser wechseln sich harte, widerstandsfähige Felsbänke und leicht verwitternde, feinkörnige Ablagerungschichten ab. Dieser Wechsel führt gelegentlich, wie beim Teufelstisch nahe Hinterweidenthal, zur Ausbildung markanter Tischfelsen.

Bei diesen außergewöhnlichen Felsformationen überlagert eine sehr harte Gesteinsbank Schichten nur gering verfestigten Sandsteins. Während die Abtragung an den Flanken des Berges rasch fortschreitet, bleibt die harte Steinplatte von der Erosion vergleichsweise unversehrt. Nach und nach wird die Basis, auf der die „Tischplatte" ruht, immer schmaler, bis das ganze Gebilde schließlich einem Pilz ähnelt. Irgendwann wird aber auch der Fuß soweit abgetragen, daß das Gebilde zusammenstürzt.

Die Karlstalschicht (80 – 140 m dick, benannt nach der eng eingeschnittenen Schlucht der Moosalbe bei Trippstadt, südlich von Kaiserslautern) schließt den Mittleren Buntsandstein nach oben ab. Sie besteht aus einem grobkörnigen, sehr harten Sandstein. Die höchsten Erhebungen des Pfälzerwaldes (u. a. Kalmit, 672 m, Kesselberg, 662 m) sind aus dieser Schicht aufgebaut. Auf der Kalmit und im Karlstal entstanden auch eindrucksvolle Felsenmeere aus gewaltigen Blockfelsen.

Der Obere Buntsandstein weist einen höheren Anteil an Glimmer, Karbonaten und Tonmineralien auf. Ähnlich wie beim Unteren Buntsandstein entsteht daher bei Verwitterung des Oberen Buntsandsteins ein Boden, der sich einigermaßen gut für eine landwirtschaftliche Nutzung eignet. Diesen Oberen Buntsandstein findet man allerdings nur am Westsaum des Pfälzerwaldes.

Erosions-Skulpturen

Nachdem das Deckgebirge längst abgetragen ist, wirken seit Jahrmillionen Verwitterung und Erosion auch auf die Buntsandsteintafel des Pfälzerwaldes ein. Klüfte und Spalten, die sich im Zuge der Bewegungen der Erdkruste bildeten, stellten erste Angriffspunkte für die Abtragung dar. Die unterschiedliche Zusammensetzung und Härte der Gesteinsschichten führte im Laufe der Zeit zur Entstehung teilweise bizarrer Felsformationen, für die namentlich der Wasgau bekannt ist. Felsnadeln und Felstürme, steile Wände, Grotten und Felsentore regten im Laufe der Jahrhunderte die Phantasie der Menschen an, führten zur Entstehung zahlreicher Sagen und Mythen. Um die Zusammenhänge zwischen Erosion und Formenbildung wußte man nicht, und so wähnte man – was liegt näher – Hexen, Riesen oder den Teufel persönlich als Urheber der mächtigen Steinskulpturen. Wir wissen heute natürlich alles besser – und doch, wenn wir wieder einmal ehrfurchtsvoll vor einem der riesigen, scheinbar so kunstvoll herausgearbeiteten Felsgebilde stehen, kommen gelegentlich Zweifel auf, ob hier wirklich nur die

Naturräumlich stellen Pfälzerwald und Nordvogesen eine Einheit dar. Erosionsgeformte Buntsandsteingebilde finden sich daher auch jenseits der Grenze, wie hier bei Bärental.

Erosion wirkte, oder ob nicht vielleicht da und dort, ganz heimlich, der eine oder andere Riese ein wenig nachgeholfen hat.

Was von weitem schon fasziniert, verblüfft auch bei näherem Hinsehen. Dünne Lagen wechseln sich ab mit breiteren, in jeweils unterschiedlichen Farbschattierungen vom hellen Gelb bis zum tiefen Rot. Manche Schichten lassen sich mit den bloßen Fingern abreiben, andere dagegen sind wirklich steinhart. Besonders an den Wetterseiten sind oft weiße Salzausblühungen zu beobachten. Wasser, das in den feinen Poren des Sandsteins kapillar aufsteigt oder von oben eindringender Regen, löst die Bindemittel des Sandsteins, verdunstet an den sonnenerwärmten Stellen schneller, zieht neues Wasser nach. Gelöste Salze bleiben nach Verdunsten des Wassers auf der Felswand zurück und bilden einen hellen, flockigen Belag (u.a. Alaun und Gips). Zuweilen kristallisieren sie aber auch in kleinen Zwischenräumen aus. Die dann ständig weiterwachsenden Salzkristalle sprengen schließlich das Gestein auf. Es entstehen Spalten, die wiederum anderen Verwitterungspro-

Die Schichten im Buntsandstein geben Aufschluß über Art und Umstände der Ablagerung. Daraus lassen sich Rückschlüsse auf die Umweltbedingungen vor vielen Millionen Jahren ziehen.

Filigrane Muster in erstaunlicher Komplexität können in geologisch betrachtet sehr kurzen Zeiträumen von einigen hundert Jahren entstehen.

zessen Angriffsflächen bieten. In Schichten, die reich an Eisen- oder Manganoxiden sind, laufen ähnliche Vorgänge ab. Eindringendes Wasser löst die Metallsalze aus dem Gestein, diese konzentrieren sich an der Oberfläche oder auch an Schichtgrenzen, werden dort abgeschieden und bilden harte, dunkle Krusten. Hinter diesen wird der Sandstein nach und nach mürbe, zerbröselt, wird vom Wind ausgeblasen oder durch starke Regenfälle ausgeschwemmt. Gefriert in Felsritzen eingedrungenes Wasser, kommt es zu Frostsprengungen. Dabei können winzig kleine Felspartikel oder aber große, zentnerschwere

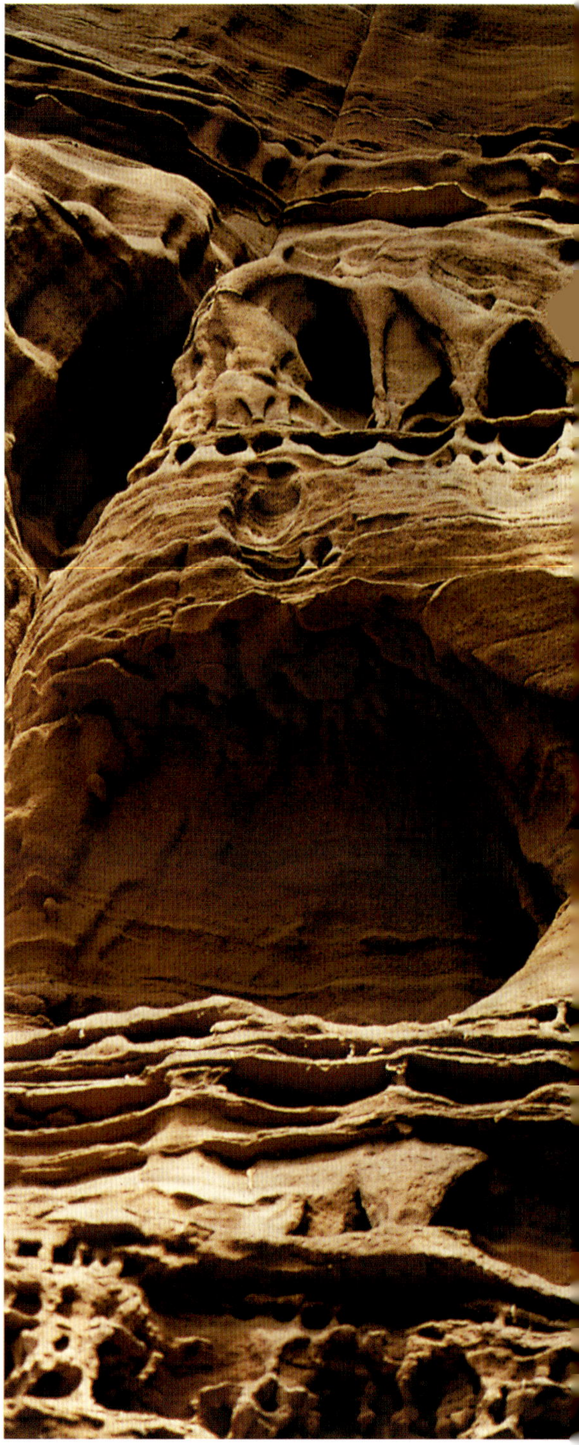

Selbst für die Entstehung der bizarren Kugelfelsen gibt es eine einleuchtende naturwissenschaftliche Erklärung.

Blöcke abplatzen. Treibende Kraft für alle diese Formen der Verwitterung und Erosion ist das Wasser. Dennoch gerät man beim Betrachten der filigranen Wabenverwitterungen, etwa am Burgfels der Ruine Lindelbrunn, am Altschloßfelsen bei Eppenbrunn oder sogar an den Mauern der Burg Trifels, ins Staunen. Freilich sind auch diese Kunstwerke lediglich das Ergebnis der oben beschriebenen Prozesse.

Kugelfelsen

In einigen Felsformationen, wie dem Altschloßfelsen bei Eppenbrunn und dem Kugelfelsen auf dem Rödelschachen bei Pirmasens, kann man eine außergewöhnliche Zone des Buntsandsteins beobachten, den sogenannten Kugelhorizont. Er befindet sich zwischen dem grobkörnigen Hauptkonglomerat und der Karlstalschicht. Der pfälzische Geologe L. Spuhler (in: „Die Geologie der Pfalz" 1957) beschreibt das Phänomen wie folgt: *„Ein wenig verfestigtes, leuchtend rotes Gestein ist in seiner ganzen Mächtigkeit von 1 – 2 Metern von Kugeln erfüllt, die oft von einem lockeren Mantel umhüllt werden, so daß sie leicht aus dem Gestein herausfallen. (...) Das Gestein kann aber auch fester sein; die Kugeln sind dann weniger zahlreich, aber größer und häufig aus mehreren Schalen aufgebaut."* Die Kugeln bestehen aus kristallisiertem Calcit. Um einen Kristallisationskeim herum wachsen sie im umgebenden Sandstein heran. Das dazu notwendige Calcium entstammt sehr wahrscheinlich dem Feldspatanteil des Oberen Buntsandsteins bzw. des Hauptkonglomerates.

Die sogenannten Blitzröhren bei Battenberg entstanden durch lokale Anreicherung von Brauneisen im Sandstein.

Der Blitz war's nicht

Eine ganz besondere Form der Verwitterung kann man am nordöstlichen Rand des Pfälzerwaldes bei Battenberg bewundern. Direkt an der Straße, unterhalb der Burgruine, befinden sich die „Battenberger Blitzröhren". Es handelt sich dabei um schräg oder senkrecht stehende, zuweilen in Bündeln angeordnete, meist 20 bis 40 cm dicke Sandsteinröhren, die teilweise aussehen wie Riesenausführungen der oben erwähnten Wabenverwitterungen. Über ihre Entstehung herrschte lange Zeit Unklarheit, und so nahm man noch im letzten Jahrhundert an, und daher stammt auch die Bezeichnung, daß es sich um echte Blitzröhren, sogenannte Fulgurite, handele. Diese entstehen, wenn ein Blitz in Sand einschlägt. Entlang der Blitzspuren schmilzt der Sand zu Quarzglas, und so kommen mehrere Meter lange, teilweise verzweigte Röhren zustande. Die Battenberger Röhren entstanden allerdings, wie man heute weiß, auf völlig andere Weise. Sie bestehen aus im Sandstein röhrenförmig angereichertem Brauneisen. Der eisenreiche Sandstein ist deutlich härter als das umgebende Gestein, und so wurde diese ungewöhnliche Gesteinsformation durch Erosionskräfte herausmodelliert.

Das Klima – mäßig feucht, mäßig mild

Gegenüber den fast mediterranen Klimaverhältnissen an der Weinstraße, geht es im Pfälzerwald schon bedeutend rauher zu. Ein Vergleich der Höhenlagen ab 400 m etwa mit den Werten für Neustadt an der Weinstraße ergibt bei der Jahresdurchschnittstemperatur einen Unterschied von zwei bis drei Grad. Das hört sich nach nicht besonders viel an, bedeutet aber, daß die Vegetationsperiode im Pfälzerwald gegenüber der Weinstraße bedeutend kürzer ist. So beginnt beispielsweise die Apfelblüte an der Weinstraße Ende April, im Wasgau Mitte Mai und in den Höhenlagen erst gegen Ende Mai. Das Januarmittel in Lagen über 500 m liegt bei rund –1,5 °C, in Neustadt dagegen bei 1 °C.

Besonders im Frühjahr und Herbst entwickelt sich in den Tälern oft dichter Frühnebel.

Im Juli liegt der Durchschnittswert auf den Höhen des Pfälzerwaldes bei ca. 16 °C, an der Weinstraße bei 19 °C.
Vergleicht man den Pfälzerwald allerdings mit den Hochlagen des Schwarzwaldes (–3,5 °C im Januar, 12 °C im Juli), so kann man das Klima wohl guten Gewissens als einigermaßen mild bezeichnen. Tatsächlich sind die Winter auch kurz, und die Zahl der Schneetage ist mit 25 bis 40 recht gering. Schnee bleibt selbst auf den Höhen selten lange liegen, weshalb sich auch lediglich zwei Orte etwas intensiver auf Wintersport eingerichtet haben (Hermersberger Hof bei Annweiler und Hofstetten).
Entsprechend der Hauptwindrichtung kommen die Niederschläge über dem Pfälzerwald vor allem aus westlicher bis südwestlicher Richtung. Die feuchten atlantischen Luftmassen regnen über dem Pfälzerwald ab und sorgen an dessen Ostflanke und der Weinstraße vor allem im Winterhalbjahr für verhältnismäßig trockene Bedingungen. Die höchsten jährlichen Niederschlagsmengen von bis zu 1000 mm gehen über den Höhen des mittleren Pfälzerwaldes, im Südwesten, um Eppenbrunn sowie im östlichen Teil des Wasgaus nieder. In weiten Bereichen aber fallen weniger als 750 mm. Das ist, insbesondere aufgrund des wasserdurchlässigen Sandbodens schon so wenig, daß Niederschläge zum begrenzenden Faktor in der Waldentwicklung werden. Besonders am Ostrand sind Jahre mit extremer Trockenheit nicht selten. Die durchschnittlichen Niederschläge erreichen hier nur 650 mm. Relativ häufig kommt es daher in dieser Region zu Waldbränden.

VOM URWALD ZUR KULTURLANDSCHAFT

Während der letzten Eiszeit war das heute dicht bewaldete Gebiet eine weitgehend baumlose Tundrenlandschaft mit Dauerfrostböden.
Nach dem Ende der letzten Eiszeit vor ungefähr 16 000 Jahren setzte allmählich eine Bewaldung ein. Aus dieser Zeit, der ausgehenden Altsteinzeit, gibt es noch keine Nachweise menschlicher Besiedlung im Pfälzerwald.

Der Mensch entdeckt den Pfälzerwald

In der Mittleren Steinzeit jedoch, die vor etwa 10 000 Jahren begann, war es wohl die Jagd, die zumindest zeitweise Gruppen von Menschen in das Gebiet lockte. Siedlungsplätze aus jener Zeit konnten im Pirmasenser Raum nachgewiesen werden. Höhlen wurden hier allerdings nur selten als Wohnräume genutzt. Bei Wilgartswiesen, in der Weidental-Höhle, wurden die Archäologen aber dennoch fündig. Zahlreiche Überreste menschlicher Besiedlung, rund 7000 Jahre alt, konnten hier geborgen werden. Waren die Menschen der Mittleren Steinzeit in der Regel noch umherstreifende Jäger und Sammler, so setzte sich vor rund 6 000 Jahren, am Übergang zur Jungsteinzeit, langsam eine bäuerliche und damit seßhafte Lebensweise durch. Da der sandige Boden im Pfälzerwald den frühen Bauern sicher ebensowenig zur Bewirtschaftung geeignet erschien wie das heute der Fall ist, gibt es aus dieser Zeit nur spärliche Nachweise menschlicher Anwesenheit.
Dichtere Besiedlung machte vor dem Buntsandsteingebirge halt. Die offensichtliche Siedlungsfeindlichkeit schreckte die Menschen noch über mehrere Jahrtausende ab, vom Wald Besitz zu ergreifen und sich hier in größerer Zahl niederzulassen. Er wurde allenfalls sporadisch, hauptsächlich wohl zur Jagd aufgesucht. So waren es über lange Zeit lediglich die Randbereiche im Osten wie im Westen, in die sich die Menschen vorwagten, wo sie den Wald auf verschiedene Weise nutzten.

Wie eine Insel in einem unendlichen Waldmeer erscheint der kleine Ort Leimen vom Luitpold-Turm aus betrachtet.

Uralte, knorrige Baumriesen beflügeln die Phantasie, wecken Träume von einem Urwald, der auch hier längst verschwunden ist.

Erste dörfliche Ansiedlungen vor 3000 Jahren

Spätestens seit dem ersten Jahrtausend v. Chr. setzte vom Westen her eine Besiedlung des Waldes durch eine vorwiegend auf Viehzucht spezialisierte Bevölkerung ein. Aus dieser Zeit stammt eine Reihe kleinerer Grabhügelfelder (meist zehn bis zwölf Hügel), die vor allem entlang des Westrandes des Pfälzerwaldes liegen. Sie werden den jüngeren Phasen der keltischen Hallstatt-Kultur zugeordnet (Hallstatt ist ein kleiner Ort im österreichischen Salzkammergut, wo zum ersten Mal Überreste dieser frühen keltischen Kultur gefunden wurden). In der Kaiserslauterner Senke, am Nordwestrand des Pfälzerwaldes, fanden sich auch einige größere dieser keltischen Friedhöfe, die aber immer noch kleiner waren als vergleichbare Anlagen aus der Rheinebene. Bei Rodenbach, nordwestlich von Kaiserslautern, lag wohl über einen Zeitraum von mehr als 100 Jahren eines der regionalen Machtzentren. Der Fund eines reich ausgestatteten Fürstengrabes ist ein wichtiger Beleg für diese Annahme. Dennoch darf man insgesamt, auch damals, von einer sehr geringen Bevölkerungsdichte im Pfälzerwald ausgehen. Sehr wahrscheinlich blieb das unwegsame Innere des Waldgebietes weitgehend unbesiedelt. Bei Bad Dürkheim, am Ostrand des Pfälzerwaldes, entwickelte sich ein zweites bedeutendes Machtzentrum im Einzugsbereich des Pfälzerwaldes. Die Heidenmauer im Nordwesten der Stadt ist ein noch heute sichtbares Zeugnis aus jener Zeit. Es handelt sich dabei um eine keltische Befestigungsanlage aus der Zeit um 600 v. Chr. Sie umschloß eine keltische Siedlung und wurde ungefähr 300 v. Chr. aufgegeben.

Eine wichtige Form der Landwirtschaft zu keltischer Zeit war die Schweinezucht. Hierfür bot der Wald mit seinem reichen Angebot fettreicher Samen der Buchen und Eichen eine geeignete Grundlage. Nicht unwahrscheinlich ist, daß neben der Viehzucht auch der Abbau und die Verhüttung von Eisenerz bereits zu keltischer Zeit eine wichtige Rolle spielten. Unter geeigneten Bedingungen hatte sich Eisenerz an verschiedenen Orten im ohnehin eisenreichen Sandstein in abbauwürdiger Konzentration angesammelt. Der zweite Rohstoff zur Eisenherstellung, das Holz bzw. die aus ihm gewonnene Holzkohle, war zudem reichlich vorhanden.

Die Römer bringen Eßkastanien und Weinbau in die Region

Mit der Eroberung Galliens durch Julius Caesar (58 – 51 v. Chr.) kam der Pfälzerwald unter den direkten Einfluß des Römischen Reiches. Er war Bestandteil der Provinz Gallia Belgica. Unter Augustus, dessen Regierungszeit von 27 vor bis 14 nach Christus währte, erhielt die römische Verwaltung der Provinz eine straffe Struktur. Der größte, südlich gelegene Teil war danach Bestandteil des Verwaltungsbezirks der Stadt Dividorum, des heutigen Metz. Der nördliche Zipfel wurde von Augusta Treverorum, dem heutigen Trier aus verwaltet. In dieser Zeit entstand auch die Straße von Metz nach Mainz, die einzige bedeutende Römerstraße, die das Gebiet des Pfälzerwaldes zumindest streifte. Die Nutzung des Waldes zur Gewinnung von Holzkohle,

Vom Drachenfels bei Bad Dürkheim bietet sich ein imposanter Ausblick auf den mittleren Pfälzerwald.

Im Frühsommer setzt mancherorts der gelb leuchtende Besenginster markante Farbakzente in Waldlichtungen.

Bauholz und in Form der Waldweide fand selbstverständlich auch unter römischer Herrschaft ihre Fortsetzung. Eisenberg, am Nordostrand des Pfälzerwaldes gelegen, war zu römischer Zeit ein bedeutendes Zentrum der Eisenerzeugung. Vor allem Roteisenstein aus dem Langenthal am nördlich gelegenen Donnersberg wurde hier verarbeitet. Die verkehrsgünstige Lage sowie die reichlich verfügbare, aus dem Pfälzerwald gewonnene Holzkohle waren damals die entscheidenden Standortvorteile. Römische Forstbeamte überwachten die systematische, staatlich gelenkte Nutzung der Waldgebiete.

Im ausgehenden 3. Jahrhundert entstanden in diesem Zusammenhang einige befestigte Höhensiedlungen mit vermutlich wirtschaftlicher und administrativer Funktion. Die Heidelsburg bei Waldfischbach und der Drachenfels westlich von Bad Dürkheim waren zwei davon. Da die Nutzung der Wälder auf ein relativ gut ausgebautes Verkehrswegenetz angewiesen ist, dürfte sich der menschliche Einfluß nach wie vor auf die gut zugänglichen Randgebiete beschränkt haben. Das Innere des weitläufigen Waldgebietes blieb weiterhin kaum berührt. Auch die den Römern im 5. Jahrhundert nachfolgenden Alamannen und später, ab dem 6. Jahrhundert, die Franken unterließen eine Besiedlung des Waldes. Seine Nutzung als Waldweide, Werk- und Brennstoffquelle setzte sich indes fort.

Im Mittelalter bereiten Klöster und Burgherren den Boden für Ansiedlungen

Im 8. Jahrhundert setzte allmählich die Erschließung des gesamten Pfälzerwaldes ein. Erste Ansiedlungen, meist Klöster, entstanden nun auch im Innern des Waldgebietes. Verwaltungseinheiten wurden gebildet, Einflußsphären abgesteckt. Der Wandel vom Urwald in eine Kulturlandschaft nahm ihren Anfang.

Seit dem 10. Jahrhundert waren die Gebiete mit ertragreichen Böden in der Pfalz weitgehend besiedelt und aufgeteilt. Die weitere Zunahme der Bevölkerung führte daher zu Bodenknappheit, was wiederum zur Folge hatte, daß nun auch bislang unbesiedelte Gebiete mit weniger günstigen Bodenverhältnissen, wie der Pfälzerwald, erschlossen wurden. Zentren dieser, mit umfangreichen Rodungen verbundenen Urbarmachung des Waldes waren zunächst verschiedene Klöster, ab dem 11. Jahrhundert zunehmend auch Burgen. Herzog Friedrich II. von Schwaben, der Vater Kaiser Barbarossas, tat sich diesbezüglich besonders hervor. *„Er folgte dem Rheinlauf und baute an geeigneter Stelle eine Burg, die das umliegende Land beherrschte. Dann ließ er sie, zog weiter und errichtete eine andere, so daß ein geflügeltes Wort von ihm sagte: Herzog Friedrich zieht stets am Schweife seines Pferdes eine Burg nach sich"*, schrieb Otto von Freising, ein Zeitgenosse Friedrichs II. sowie dessen berühmten Sohnes Barbarossa.

Zusätzlich zu diesen Reichsburgen errichteten später, nach dem Niedergang der staufischen Herrschaft, zahlreiche Ritter und Adelige wei-

Die landwirtschaftliche Nutzung prägt besonders im Wasgau das Landschaftsbild. Die alte Kulturlandschaft stellt einen abwechslungsreichen Lebensraum dar. Hochsteinmassiv bei Dahn.

tere Burgen oder bauten dem Reich geraubte Burgen aus. Die im Gefolge der Burgen entstandenen Siedlungen waren jedoch nicht immer von Dauer. Der gerodete, zumeist wenig ertragreiche Sandboden war oft schon nach wenigen Jahren landwirtschaftlicher Nutzung völlig ausgelaugt. Neben der Rodung des Waldes zur Anlage von Äckern, bildete die Viehzucht auf der Basis von Waldweide und Gewinnung von Laubstreu die Existenzgrundlage vieler Waldbauern. Teilweise verfügten die Grundbesitzer allerdings eine Beschränkung der Waldweidenutzung, oder machten sie durch die Anpflanzung dicht wachsender Nadelhölzer unmöglich. Daraus resultierte für die Bauern ein Mangel an Tierkot, der als Dünger zumindest einen bescheidenen Ertrag auf den sandigen Äckern sicherte. In der Folge gingen die Felderträge zurück, gleichzeitig wurden die Pachtzinsen angehoben. Zahlreiche Waldbauern mußten daher ihre Höfe aufgeben.

Wüstungen – Viele Höfe und Dörfer wurden wieder aufgegeben

Während bis zum 14. Jahrhundert ein stetiger Ausbau der Besiedlung zu verzeichnen war, kehrte sich diese Entwicklung anschließend um. Viele Waldgemeinden waren bereits im 16. Jahrhundert wieder erloschen. Lokale Fehden und europaweite Konflikte, wie der Dreißigjährige Krieg, trugen maßgeblich zur negativen Entwicklung bei. Auch im 18. und 19. Jahrhundert kam die Region nicht zur Ruhe. In den 40er und 50er Jahren des 19. Jahrhunderts schließlich führten mehrere Mißernten zu kata-

Andernorts längst verschwunden, prägen alte Obstbäume auch heute noch das Landschaftsbild im Wasgau. Drachenfels bei Busenberg.

strophalen Hungersnöten. Zehntausende verließen den Pfälzerwald und wanderten nach Amerika aus.
Mehr als 400 verlassene Ansiedlungen unterschiedlicher Art und Größe sind heute aus dem Pfälzerwald bekannt. Viele dieser Wüstungen, einzelne Höfe oder ganze Dörfer, entstanden dort, wo trotz ungünstiger geographischer Bedingungen Siedlungen angelegt wurden. Andere, wie Glashütten, Harzöfen, Köhlereien, wurden im Zuge der fortschreitenden wirtschaftlichen und industriellen Entwicklung unrentabel. Die beträchtliche Abwanderung aus dem Pfälzerwald gab diesem nach jahrhundertelangem Raubbau durch Überweidung, zu starker Holzentnahme und der daraus resultierenden Ausmagerung des Bodens die Gelegenheit zur Regeneration.
Der Pfälzerwald war und ist ein siedlungsfeindlicher Raum. Der überwiegend unfruchtbare Untergrund macht ertragreiche Landwirtschaft weitgehend unmöglich. Wo weder Ackerbau noch Viehzucht betrieben werden können, überläßt man in unseren Breiten den Boden dem Wald. So ist es letztendlich die Kargheit der Böden, die dafür sorgte, daß selbst im ansonsten dichtbesiedelten Deutschland ein Waldgebiet von so beachtlicher Größe bestehen konnte. Ein Urwald ist der Pfälzerwald dennoch nicht geblieben. Rodungen und natürliche Wiederbewaldung, Verwüstungen durch zahllose Kriege und seit vielen Jahrhunderten auch die gezielte Beeinflussung der Baumbestände durch eine sich weiterentwickelnde Forstwirt-

Nur in der relativ offenen Landschaft des Wasgaus finden Schafe geeignete Weideflächen.

Sie verhindern dort die rasche Wiederbewaldung brachgefallener Flächen.

schaft, trugen maßgeblich zur Entstehung der Kulturlandschaft Pfälzerwald bei.

Neben dem Wald ist das dichte Netz großer und kleiner Fließgewässer ein bedeutender wirtschaftlicher Faktor im Pfälzerwald. Die unterschiedlichen Formen der Nutzung von Holz und Wasser durch den Menschen hatten lange Zeit großen Einfluß auf die Gestaltung der Kulturlandschaft. Anhand von zwei Beispielen alter, längst aufgegebener Nutzungsformen soll aufgezeigt werden, wie langfristig sich menschliches Wirtschaften auf das Landschaftsbild und das Inventar der in dieser Landschaft lebenden Tier- und Pflanzenarten auswirken kann.

Wasser als Transportmittel – die Trift

Holz war und ist der bedeutendste Rohstoff des Pfälzerwaldes. Aufgrund der Unwegsamkeit des Waldgebietes stellte der Transport, vor allem ins waldarme, aber dichtbevölkerte Rheintal, ein Problem dar. Die zahlreichen Bäche boten sich da als ebenso billige wie praktikable Lösung an. Das Flößen ganzer Stämme war auf den zumeist kleineren Bächen nicht möglich, statt dessen wurden die Stämme zerteilt und stückweise ins fließende Wasser gebracht. Da der Großteil des Holzes ohnehin als Brennholz Verwendung fand, war das kein Nachteil. Die Trift, wie diese Art des Holztransportes bezeichnet wird, hat im Pfälzerwald eine weit zurückreichende Geschichte. Bereits aus dem 13. Jahrhundert sind Aufzeichnungen von Regelungen des Triftbetriebes überliefert. König Ruprecht erteilte 1463 der Stadt Neustadt offiziell das Privilegium zur Flößerei auf dem Speyerbach. Spätestens seit dem 17. Jahrhundert wurde die Saline bei Bad Kreuznach über die Flüsse Lauter und Glan mit Brennholz aus dem Pfälzerwald versorgt.

Zu Beginn des 19. Jahrhunderts, nach dem Ende der französischen Besetzung, erfuhr der Triftbetrieb einen gewaltigen Aufschwung. Fast alle einigermaßen geeigneten Bäche und Flüsse wurden im Laufe weniger Jahre für die Trift nutzbar gemacht. Die Leitung des Triftbetriebs übertrug man dem 1822 in Neustadt eingerichteten Triftamt. Dieser Behörde waren zwei Triftmeistereien in Elmstein und Annweiler untergeordnet. Um 1850 betrug die Gesamtlänge der triftbaren Gewässer im Pfälzerwald 235,6 km. Alljährlich wurden 82 000 Raummeter Schichtholz zu den Holzöfen nach Annweiler, Frankenthal,

Nur ganz langsam überdeckt die Natur die zahlreichen Spuren des über viele Jahrhunderte aufrechterhaltenen Triftbetriebs.

Landau, Mutterstadt, Neustadt und Speyer verfrachtet.

Da die durchschnittliche Wasserführung der Bäche selten ausreichte, um die anfallenden Holzmengen zu transportieren, wurden mehr als 50 Klausen oder Wooge errichtet. Dabei handelte es sich um Stauwerke im Oberlauf der Flüsse, die anfangs aus Holz und Erde, später aber in solidem Mauerwerk errichtet wurden. Durch Öffnen dieser Klausen konnten auch Bäche mit geringer Wasserführung zeitweise triftbar gemacht werden. Je nach der zu befördernden Holzmenge mußte das Anstauen und Ablassen des Wassers mehrmals wiederholt werden. Durch diese Maßnahmen erzeugte man kurzfristig Hochwasser, was für die Gewässer selbst mit enormen hydraulischen Belastungen einherging. Unnatürlich starke Erosion der Gewässersohle und der Uferbereiche sowie eine ernsthafte Beeinträchtigung der im und am Bach angesiedelten Lebensgemeinschaften waren die Folge.

Das zeitige Frühjahr, wenn die Quellschüttung ohnehin am höchsten ist, war die Hochsaison des Triftbetriebs, und spätestens zum Georgitag, dem 22. April, sollte die Trift beendet sein. Bei Beginn der Trift wurden zunächst die Klausen der betreffenden Bäche geschlossen. Der Woogmann war für das zeitlich genau abgestimmte Schließen und Öffnen der Stauwerke verantwortlich. Nach dem Öffnen wurde das Holz Stück für Stück in das herausstürzende Wasser geworfen. Mit sogenannten Floßhacken ausgestattete Triftknechte sorgten für eine gleichmäßige Verteilung und einen zügigen Abfluß des Triftholzes. Nicht selten stauten sich die Holzscheite meterhoch an Hindernissen auf, und man kann sich vorstellen, welch gewaltiger Anstrengungen es bedurfte, den „Flootz" wieder in Gang zu bringen. Gegen Ende des 19. Jahrhunderts setzte allmählich der Niedergang des Triftbetriebes ein. Steinkohle und ein mittlerweile dichter gewordenes Schienennetz machten dem Holz einerseits, und dem aufwendigen und saisonabhängigen Transport auf dem Wasserwege andererseits, massive Konkurrenz. Schließlich wurde im Jahre 1906 amtlicherseits die Aufhebung des Triftbetriebes verfügt. Zahlreiche mehr oder minder verfallene Klausen, und vor allem die einen Großteil der Bäche begleitenden Bachufermauern, erinnern an diese über viele Jahrhunderte praktizierte Form des Holztransports.

Noch heute sind daher die Folgen des Triftbetriebes überall spürbar. Nur die Oberläufe der Pfälzerwald-Bäche, einschließlich ihrer Quellen, sind in der Regel als natürlich anzusehen. Viele Bäche wurden in ihren mittleren und unteren Abschnitten begradigt und eben mit den heute noch allerorten sichtbaren Ufermauern befestigt. Diese Begradigung führt zu einer Erhöhung der Fließgeschwindigkeit und damit zu einer verstärkten Erosion. Als direkte Folge gruben sich die Bäche schneller in den Untergrund ein. Ökologisch noch bedeutsamer ist aber, daß durch die Sandsteinmauern die natürlichen, flach auslaufenden Uferzonen weitgehend fehlen. Gerade diese Randbiotope sind aber stets besonders vielgestaltig, bieten einer großen Zahl von Tieren und Pflanzen geeigneten Lebensraum. So hatte der scheinbar so „umweltfreundliche" Transport des Holzes auf dem Wasserweg durchaus gravierende Schattenseiten, die sich auch heute noch, fast 100 Jahre nach Beendigung des Triftbetriebs, negativ auf die betroffenen Lebensräume auswirken.

Eine Frühe Adonislibelle ruht auf einer Seerosen-Knospe.

Die Teichwirtschaft ließ seit dem Mittelalter neue Lebensräume entstehen

Größere stehende Gewässer kommen im Pfälzerwald natürlicherweise nicht vor. Ursache hierfür ist der wasserdurchlässige, da sandige Untergrund. Dennoch finden wir, insbesondere im südlichen Pfälzerwald, eine Vielzahl von Teichen, die man hier meist Wooge nennt. Nicht selten reihen sich in Tälern mehrere Teiche perlenkettenartig hintereinander. All diese Gewässer sind künstlich angelegt worden, und zwar weniger aus landschaftsästhetischen, als vielmehr aus rein ökonomischen Überlegungen. Vom Mittelalter bis ins 18. Jahrhundert spielte in Mitteleuropa nämlich der Verzehr von Süßwasserfischen eine bedeutende wirtschaftliche Rolle. Eine wichtige Ursache war die fortschreitende Entwicklung der Städte und damit einhergehend die Entstehung einer wohlhabenden Bürgerschicht, die sich zunehmend die „Luxusnahrung" Fisch leisten konnte. Den Bedarf erkannten die in ihrer wirtschaftlichen Tätigkeit zunehmend nach außen gerichteten Klöster, und so förderten vor allem diese gezielt die Anlage von Teichgütern zur Fischzucht. Teiche und Weiher wurden zu wertvollen Immobilien, Fischzucht brachte ein Mehrfaches von dem ein, was mit der konventionellen Viehzucht zu verdienen war. Nicht selten auf dem Rücken der in Pachtverhältnissen stehenden Bauern und unter massiven Eingriffen in den Landschaftshaushalt wurden ausgedehnte Teich- und Weiheranlagen gebaut. Da im Pfälzerwald allerdings die Erträge aus Ackerbau und Viehzucht ohnehin eher gering waren, bot die Teichwirtschaft unter Ausnutzung der reichlich vorhandenen Fließgewässer und der zahlreichen, nicht zu breiten und somit leicht zu verbauenden Täler die Chance zu wirtschaftlichem Erfolg – zumindest vorübergehend. Ab dem 18. Jahrhundert nämlich änderten sich die Eßgewohnheiten; Süßwasserfisch kam aus der Mode. Plötzlich versprach der Getreideanbau größere Rendi-

Viele der mitunter schon im Mittelalter angelegten Fischteiche sind heute, nach Aufgabe der ursprünglichen Nutzung, Heimat zahlreicher seltener Tiere und Pflanzen.

ten. Die Stallmast mit Getreide, vor allem für Schweine, wurde eingeführt, was, im Gegensatz zur vorher praktizierten Waldmast, erheblich bessere Fleischerträge ermöglichte. So wurden vielerorts Teiche trockengelegt und in Ackerflächen umgewandelt. Im Pfälzerwald allerdings blieben zahlreiche der alten Teichanlagen erhalten. Diese Wooge dienen heute teils als Freizeit- und Badeseen, teils sind sie im Begriff zu verlanden. Aufgrund der Nährstoffarmut des Untergrundes und des leicht sauren pH-Wertes des über Sandstein abfließenden Wassers stellen diese Teiche heute ganz außergewöhnliche Lebensräume dar, die an anderer Stelle noch eingehend vorgestellt werden. Anders als bei der Trift wirkte sich in diesem Falle der massive Eingriff des Menschen in den Wasserhaushalt und die Landschaftsstruktur langfristig eher bereichernd auf die Tier- und Pflanzenwelt aus.

NICHT NUR WALD: DIE VIELFALT DER LEBENSRÄUME

Nordvogesen und Pfälzerwald bilden zwar gemeinsam das größte zusammenhängende Waldgebiet Mitteleuropas, doch trotz dieser Übermacht des Waldes, der zwischen 70 und 90 Prozent der Fläche bedeckt, bleibt Platz für andere Lebensräume. Flußtäler, Sümpfe, Moore, Wiesen und Felsen sorgen nicht nur optisch für Abwechslung, sondern bieten zahlreichen Tieren und Pflanzen, die nicht an ein Leben im Wald angepaßt sind, geeignete Bedingungen. So tragen diese oft wie Inseln im Waldmeer gelegenen Biotope, ungeachtet ihres verhältnismäßig geringen Flächanteils, ganz erheblich zur

Wie ein grüner Mantel umgibt Moos den Stamm einer alten Buche.

Artenvielfalt im Pfälzerwald bei. Aber auch der Wald selbst ist alles andere als gleichförmig. Das abwechslungsreiche Relief mit breiten und engen, tiefeingeschnittenen Tälern, sanft geschwungenen und schroffen Hängen, sandig-trockenen sowie lehmig-feuchten Böden erzeugt zusammen mit den klimatischen Faktoren ein Mosaik unterschiedlicher Standorte.

Hätte der Mensch den Pfälzerwald nie betreten, so würden wir heute dort überwiegend einen relativ artenarmen Laubmischwald vorfinden, in dem Eichen und Buchen die dominierenden Baumarten wären. An einzelnen besonders ungünstigen Stellen, etwa auf Felsplateaus und überhaupt auf sehr flachgründigen, sandigen Böden, hätte sich die Kiefer behaupten können. In den Tälern fänden sich Auenwälder mit Erlen und Weiden. Nur einzelne Felsen und steile Felswände sind natürlicherweise waldfrei. Wiesen, Teiche und Moore wären überhaupt nicht zu finden. Das tatsächlich anzutreffende Landschafts- und Vegetationsbild des heutigen Pfälzerwaldes sieht allerdings anders aus. Es ist das Produkt einer vielfältigen Wechselwirkung zwischen natürlicher Entwicklung und menschlicher Einflußnahme über mehrere Jahrhunderte, was das Innere des Waldgebietes betrifft, und über einige Jahrtausende in den Randbereichen. Wir haben es also längst nicht mehr mit unberührtem Urwald zu tun, den gibt es in Mitteleuropa praktisch nicht mehr. Der Naturraum Pfälzerwald ist eine Kulturlandschaft. Ein Blick zurück in die Entstehungsgeschichte des Waldgebietes soll verdeutlichen, wie weit menschliches Wirken reichte und wo ihm natürliche Grenzen gesetzt sind.

Einst grasten hier die Mammuts

Zum Höhepunkt der letzten Eiszeit – dem Würmglazial – vor ungefähr 22 000 Jahren waren im Süden die Alpen sowie Teile von Schwarzwald und Südvogesen vergletschert. Im Norden reichte die Eisdecke bis weit ins norddeutsche Tiefland hinein. Dazwischen erstreckte sich eine baumlose Kältesteppe. Dauernde kräftige Winde, erzeugt durch die von den Eisschilden abfließenden kalten Luftmassen sowie ein nur an der Oberfläche auftauender Dauerfrostboden, machte es Bäumen unmöglich, zu überleben. Dennoch waren diese uns so unwirtlich erscheinenden Gebiete von zahlreichen, sehr gut an diesen Lebensraum angepaßten Säugetieren besiedelt. Bis zu zehn Tonnen schwere Mammuts, Wollnashörner, Moschusochsen, Rentiere, Lemminge und Wölfe bevölkerten die von Gräsern, Moosen und Flechten bewachsene Tundra.

Vor etwa 16 000 Jahren setzte mit einer allmählichen Erwärmung das Abschmelzen des Festlandeises ein. Im Süden und Südosten Europas hatten sich auch auf dem Höhepunkt der letzten Eiszeit vereinzelte Bäume in einer waldarmen Steppe halten können. Diese Gebiete bildeten nun, mit fortschreitendem Rückzug der Gletscher und einem Anstieg der Temperaturen, den Ausgangspunkt für die allmähliche Wiederbewaldung Mitteleuropas. Mit „Wandergeschwindigkeiten" von 0,3 bis zu 1,5 Kilometern pro Jahr breiteten sich die Baumarten nach Norden bzw. Nordwesten aus. Große Flußtäler wie die der Rhone, des Rheins und der Donau dienten als „Hauptverkehrswege" dieser Wanderbewegung. Relief, Klima und Bodenbedingungen waren die Faktoren, die eine Ausbreitung förderten oder begrenzten. Entsprechend ihrer unterschiedlichen ökologischen Ansprüche erfolgte die Wanderung der verschiedenen Baumarten in der Spät- und Nacheiszeit nicht gleich schnell. In der Späteiszeit waren es zunächst die relativ kälteresistenten Birken und dann die Kiefern, die in die bis dahin baumlose Tundra vordrangen.

Der Wald macht sich breit

Der Übergang von der offenen Steppe zur zunehmend dichter bewaldeten Landschaft hatte einschneidende Folgen für die Großtierfauna. Mammuts, Rentiere und Moschusochsen durchstreiften bislang in mehr oder weniger großen Herden die Tundra. Mit der Ausbreitung des Waldes verschwand der Lebensraum, an den sie angepaßt waren, und außerdem auch ihre Nahrungsgrundlage – Steppengräser, Flechten und Moose. Sie folgten daher dem sich zurückziehenden Eis nach Norden und Osten. Die letzten Mammuts starben schließlich vor rund 3 700 Jahren endgültig aus. Rentiere und Moschusochsen dagegen leben heute noch in den Tundren nördlich des Polarkreises. Auch die Menschen – damals praktisch ausschließlich nomadisierende Jäger und Sammler – mußten sich umstellen. Für sie änderte sich das Spektrum der Beutetiere und auch deren Häufigkeit. Einzeln oder in kleinen Rudeln die Wälder durchstreifende Elche, Hirsche und Wildschweine galt es nun zu erbeuten. Dazu mußte die Jagdtechnik völlig umgestellt werden. Hetzjagden mit Speer und Keule waren nicht mehr erfolgversprechend. Neue, weitreichende Jagdwaffen wie Pfeil und Bogen sind Erfindungen aus dieser Epoche, und sie markieren auch den Übergang von der Alt- zur Mittleren Steinzeit. Die Erwärmung schritt weiter fort, und vor rund 8 000 Jahren wurde ein Temperaturniveau erreicht, das etwas über dem heutigen gelegen haben dürfte. Nun konnten sich auch die anspruchsvolleren Laubbäume wie Linde, Ulme, Esche und vor allem die Eiche ausbreiten. Sie verdrängten die Birken- und Kiefernwälder. Der Eichenmischwald war zu dieser Zeit die dominierende Vegetationsform in Mitteleuropa. Kiefern behaupteten sich nur noch an besonderen, vor allem nährstoffarmen, trockenen Standorten gegen die Konkurrenz der Laubbäume.

Aus der Natur- wird die Kulturlandschaft

Vor etwa 5 000 Jahren setzte wieder eine leichte Abkühlung ein. Dieser erneute Klimawandel verschaffte der Rotbuche den entscheidenden Vorteil, und sie entwickelte sich innerhalb von ca. 2 000 Jahren zur dominanten Baumart in Mitteleuropa. War die Ausbreitung und Verteilung der Baumarten bis dahin allein oder zumindest überwiegend von natürlichen Gegebenheiten abhängig, so begannen in der Jungsteinzeit zunehmend die Menschen das Vegetationsbild zu beeinflussen. Aus nomadisierenden Jägern und Sammlern wurden seßhafte Ackerbauern und Viehzüchter.

Vieh wurde zur Mast in den Laubwald getrieben. Vor allem die Samen der Eichen und Buchen waren beliebtes, da fettreiches Futter. Entsprechend förderten die frühen Bauern die Ausbreitung dieser Baumarten und nahmen so Einfluß auf den Wald. Im Pfälzerwald beschränkte sich dieser aber auf die westlichen und östlichen Randbereiche. Die zentralen Bereiche blieben wohl bis ins Mittelalter weitgehend in ihrem natürlichen Zustand erhalten. Später, um die Zeitenwende, waren es die Römer, die durch die Einführung der Eßkastanie das Waldbild, vor allem am Ostrand des Pfälzerwaldes, entscheidend prägten. Diese eigentlich mediterrane Baumart hat sich hier im Laufe der letzten beiden Jahrtausende fest etabliert und bildet stellenweise fast geschlossene Bestände.

Als im Mittelalter zunehmend auch die zentralen Bereiche des Pfälzerwaldes erschlossen wurden, kam es zu großflächigen Rodungen. Siedlungen wurden angelegt, Flächen für Ackerbau und Weidewirtschaft gerodet und Teiche für die Fischzucht angelegt.

Größere natürliche Teiche oder Seen waren davor im Pfälzerwald nicht vorhanden. Sie entstanden erst durch künstliches Aufstauen zur Anlage von Fischteichen. Auch die Wiesen sind das Ergebnis landwirtschaftlicher Tätigkeit. Oft auf Rodungsflächen in den Tälern angelegt, wurden sie über lange Zeit als sogenannte Bewässerungswiesen bewirtschaftet. Über ein System von Wehren und Bewässerungsgräben überflutete man die einzelnen Wiesenparzellen in bestimmten Abständen mit schwebstoffreichem Wasser und sorgte so für eine Düngung. Bis ge-

Nur an wenigen Stellen wächst der stattliche Königsfarn.

Die Blätter der Sumpf-Calla erinnern stark an tropische Gewächse.

gen Ende der 50er Jahre praktizierte man diese Form der Wiesenbewirtschaftung. Mit dem massiven Rückgang der Landwirtschaft in den vergangenen Jahrzehnten fallen aber immer mehr Gebiete brach. Ehemalige Bewässerungswiesen versumpfen. Höher gelegene Wiesenparzellen werden vom Wald zurückerobert. Finden wir zur Zeit noch ein kleinräumiges Mosaik verschiedener Lebensräume und Übergangsstadien, etwa zwischen Wiese und Wald, Wiese und Sumpf, Teich und Moor, so wird beim Fortgang dieser Entwicklung langfristig wieder der Wald in verschiedenen Ausprägungen dominieren und der Pfälzerwald um zahlreiche Tier- und Pflanzenarten ärmer.

Nährstoffarmut – ein Glücksfall für die Artenvielfalt

Was die Flora und Fauna sowohl im Wald als auch in den übrigen Lebensräumen des Pfälzerwaldes so interessant macht, hat, wie soll es auch anders sein, wieder mal mit dem Untergrund zu tun. Dieser ist arm an Nährstoffen, und das ist – so merkwürdig es klingen mag – zumindest aus der Sicht des Biologen gut so. Nährstoffarme Lebensräume sind nämlich in Zeiten des allgegenwärtigen Kunstdüngers und des unvermeidlichen Nährstoffeintrags aus der Luft in Form verschiedener Stickstoffverbindungen selten geworden. Und damit sind auch die an solche Bedingungen angepaßten Tiere und Pflanzen zu einem beträchtlichen Teil Kandidaten für die Roten Listen der bedrohten Arten. Magere Wiesen und Halbtrockenrasen sind geprägt von einer hohen Zahl attraktiver, weil bunter Blütenpflanzen und einer entsprechend vielgestaltigen Begleitfauna von Schmetterlingen, Käfern und Heuschrecken. Nährstoffarme Teiche und Übergangsmoore sind Heimat so außergewöhnlicher Pflanzen wie des Fieberklees, der Calla oder des Sonnentaus.

In nährstoffarmen Bächen und Flüssen finden sich seltene Eintagsfliegen, Flohkrebse und Strudelwürmer. Auf den feuchten Felsen der Bachtäler wachsen Hunderte verschiedener Moosarten.

Auch die scheinbar nackten Sandsteinfelsen sind bei näherem Hinsehen gar nicht so nackt. Hier wachsen langsam, Millimeter für Millimeter, die wahren Hungerkünstler unter allen lebenden Organismen, die Flechten, heran. In den Ritzen und Spalten siedeln Insekten, Spinnen, Fledermäuse und die Mauereidechse. Im Sand, am Fuß der Felsen, legen Ameisenlöwen ihre Fangtrichter und Grabwespen ihre Brutröhren an.

Der Wald bietet allein schon aufgrund seiner gewaltigen Ausdehnung noch Tieren Lebensraum, die anderswo in Deutschland längst verschwunden oder sehr selten geworden sind, weil ihr Anspruch an Mindestreviergrößen einfach nicht erfüllt wird. Das gilt für die Wildkatze ebenso wie für den Rothirsch und in besonderem Maße für den Luchs, der – so scheint es – allmählich im Pfälzerwald wieder heimisch wird.

In den folgenden Kapiteln werden die unterschiedlichen Lebensräume im Pfälzerwald und mit ihnen einige besonders charakteristische oder ungewöhnliche Tiere und Pflanzen eingehend vorgestellt. Immer wird es auch darum gehen, Zusammenhänge herzustellen, deutlich zu machen, daß sich die einzelnen Biotope, so unterschiedlich sie auch sein mögen, gegenseitig beeinflussen, daß gerade die Grenzbereiche zwischen zwei Lebensräumen von besonderer Bedeutung sind.

Bei Wind, Wetter und kargem Untergrund wachsen die Kiefern auf den Felsen über viele Jahrzehnte zu markanten „Baumpersönlichkeiten“ heran.

Ein bewaldeter Bergrücken reiht sich an den nächsten. Nur selten wird der Wald durch kleine Flächen Ackerlandes unterbrochen. Blick vom Römerfelsen auf die Burgruine Altdahn.

Trockenheit, Sonne, Hitze – mit solchen Widrigkeiten müssen Tiere und Pflanzen klarkommen, die die freistehenden Felsen besiedeln wollen. Ein Blick über den Büttelfels zum Jungfernsprung bei Dahn.

Der genügsame Tüpfelfarn treibt seine Rhizome tief in haarfeine Felsspalten, um an das lebenswichtige Wasser zu gelangen.

LEBENSRAUM SAND UND FELS

Der Sandstein des Pfälzerwaldes entstand vor mehr als 200 Millionen Jahren unter klimatischen Bedingungen, die denen der heutigen Sahara sehr nahekamen. Dünen und Wadis suchen wir heutzutage im Pfälzerwald natürlich vergebens, dennoch gibt es hier, eingestreut in die fast geschlossene Waldlandschaft, Lebensräume, die einer Wüste sehr nahekommen. Oberflächentemperaturen von 70 °C und mehr, extreme Sonneneinstrahlung und Trockenheit, das sind Konditionen, mit denen Tiere und Pflanzen auch in unseren Breiten konfrontiert werden – an freistehenden Felsen und an südexponierten, sandigen Böschungen zum Beispiel. Entstanden die Böschungen oft erst im Zuge von Wege- und Straßenbaumaßnahmen, in jüngerer Zeit also, so sind die zahlreichen markanten Felsbastionen, vor allem im Wasgau, die ursprünglichsten Lebensräume, die im Pfälzerwald zu finden sind. Seit vielen tausend Jahren finden Pflanzen und Tiere hier nahezu konstante Lebensbedingungen, sieht man von den natürlichen klimatischen Schwankungen einmal ab. Der unzugängliche Lebensraum wurde ihnen bis in jüngster Zeit nie vom Menschen streitig gemacht. Erst in den letzten Jahren, mit zunehmender Popularität extremer Freizeitbeschäftigungen, wie etwa dem Klettersport, tritt auch hier ein Wandel ein. Wenngleich allenthalben naturverträgliches Klettern propagiert wird, kann doch nicht übersehen werden, daß allein schon die Anwesenheit einer größeren Anzahl unserer Artgenossen scheue Tiere vertreibt, die hier bislang rare Ruheräume besaßen. Und auch wer sich noch so vorsichtig bewegt, schädigt, meist ohne es zu merken, die hochspezialisierte Kleinlebewelt – Flechten, Moose, Farne, Spinnen und Insekten – die sich an die hier herrschenden Bedingungen angepaßt haben.

VIELE KLEINE WÜSTEN

Wasser ist hier Mangelware

Wie schwierig ein Überleben im Fels und Sand ist, wird dem flüchtigen Beobachter kaum bewußt. Wir nehmen unsere Wegzehrung – Saft oder Wasser, Butterbrot und Obst – einfach überallhin mit. Daß die Beschaffung von Wasser und Nährstoffen im doch überwiegend grünen Pfälzerwald für andere Lebewesen zum Problem werden kann, vermag man sich kaum vorzustellen. Wer jedoch genauer hinschaut, dem wird schnell klar, welch enorme Anpassungsleistungen erforderlich sind, um in diesen Biotopen zu überleben. Spezialisten sind es, Hungerkünstler und Meister im Wassersparen, die wir nur hier vorfinden. Wo Nährstoffe und Wasser in ausreichendem Maße vorhanden sind, haben diese Organismen dagegen kaum Chancen, sich zu entfalten. Im Überfluß zählen Tugenden wie Sparsamkeit eben wenig, hier setzt sich durch, wer schnell wachsen kann, koste es, was es wolle.

Freistehende Felsen und schütter bewachsene Sandflächen heizen sich bei Sonneneinstrahlung sehr schnell auf – das hat vor allem in der kühleren Jahreszeit durchaus Vorteile. Schlechter ist es schon, daß die Abkühlung ebenso schnell erfolgt, sobald die Sonne verschwindet. Das führt zu erheblichen Temperaturdifferenzen, vor allem im Herbst und zeitigen Frühjahr. Tagsüber können an südexponierten, senkrechten Felsen 40 °C, nicht selten 60 °C gemessen werden, nachts hingegen herrschen Temperaturen um den Gefrierpunkt oder darunter. Übers ganze Jahr betrachtet sind die Temperaturschwankungen sogar noch größer. Zwischen Sommermaxima von +70 °C und Winterminima von -20 °C liegt eine Differenz von stolzen 90 °C. Während wir Menschen uns durch Anpassung der Kleidung oder Flucht in wahlweise beheizte oder gekühlte Räume den Extremen entziehen können, sind die Pflanzen, Flechten oder Kleintiere gezwungen, damit klarzukommen oder auszusterben. Die Temperaturdifferenzen stellen nicht das einzige Problem dar, mit dem sich

Genaues Hinschauen lohnt. Auf den Felsen wachsen zahlreiche sehr unterschiedlich gefärbte Flechtenarten.

Organismen in diesem Lebensraum auseinanderzusetzen haben. Wassermangel ist ein ebenso rigoroser Selektionsfaktor. Sand und Sandstein können Wasser nicht gut binden. Die Folge: es fließt sehr schnell ab, verschwindet im Untergrund und oben ist es nach kurzer Zeit wieder trocken. Diese Eigenschaft führt dazu, daß der Pfälzerwald zwar ein Gebiet mit sehr hoher Grundwasserproduktion ist, das gleichzeitig aber in vielen Bereichen sehr trockene Böden aufweist.

Wer im oder auf Sand beziehungsweise Sandstein überleben will, muß also Strategien entwickeln, um Wasser, wenn es anfällt, schnell aufzunehmen und zu speichern, grundsätzlich aber den Wasserverlust durch Verdunstung so gering wie möglich halten oder seine Stoffwechselaktivitäten auf Zeiten verlegen, wenn Feuchtigkeit vorhanden ist. Viele der hier lebenden Organismen haben es geschafft, sich mit einer Kombination mehrerer dieser Möglichkeiten am Leben zu erhalten.

Die Extremisten

An den Sandsteinfelsen fallen uns häufig mehrere Quadratmeter große Felder gelber Schwefelflechten auf. An anderen Stellen sind es einzelne, nur wenige Zentimeter messende graue oder auch leuchtend gelbe Krusten, die besonders im trockenen Zustand kaum den Eindruck erwecken, es könnte sich hier um lebende Organismen handeln. Tatsächlich befinden sich trockene Flechten auch in einem Zustand, den man als „latentes Leben" bezeichnet. In dieser Trockenstarre mit vollständig stillstehendem Stoffwechsel warten sie, wenn es sein muß, viele Wochen lang auf bessere, sprich feuchtere Zeiten. So kann ihnen der in kühlen Nächten niederschlagende Tau, frühmorgens, kurz nach Sonnenaufgang, für einige Stunden Stoffwechselaktivitäten ermöglichen, ebenso herbstlicher Nebel und ein sommerlicher Regenschauer. Sehr schnell schaffen sie es, aus ihrem Dornröschenschlaf zu erwachen, die Feuchtigkeit aufzu-

Neben den Braun- und Rottönen des Buntsandsteins setzen verschiedene Flechten auf den Felsen die Farbakzente.

nehmen und von latentem auf „richtiges“ Leben umzuschalten.
In der Arktis oder den salzigen Spritzwasserzonen felsiger Küsten, auf Dächern, an Baumrinden, in den höchsten Gebirgen der Erde und eben auch auf den Sandsteinfelsen des Pfälzerwaldes – Flechten findet man überall dort, wo es fast allen anderen Lebewesen längst zu kalt, zu heiß, zu trocken, zu karg oder zu sonnig ist. stehenden Sandsteinfelsen im Pfälzerwald messen können – also zwischen -20 °C und +70 °C – verkraften fast alle Flechten klaglos, was uns nun nicht mehr wundert.

Flechten – nicht Pilz oder Pflanze, sondern beides in einem

Lange Zeit tat man sich schwer mit der systematischen Zuordnung der Flechten. Moos, Alge, gewöhnlichen Partnerschaft. Es handelt sich um eine Symbiose, eine Lebensgemeinschaft mit Nutzen für beide Partner. Die Algen sind mit Hilfe ihres grünen Chlorophylls in der Lage, Sonnenenergie zur Erzeugung von Kohlenhydraten (Zucker) zu nutzen. Davon zweigt sich der Pilz einen Anteil für die eigene Ernährung ab. Zu diesem Zweck entwickelt er besondere Saugfäden, die in die Algenzelle eindringen oder

Wo Flechten den Weg bereitet haben, können sich auch genügsame Laubmoose ansiedeln. Sie sind wie die Flechten in der Lage, längere Trockenperioden zu überdauern.

An den feuchten, schattigen Nordwänden und in Felsspalten bilden Lebermoose oft einen geschlossen grünen Teppich auf den Felsen. Dazwischen hat sich hier ein Weidenröschen angesiedelt.

Sie sind die wahren Extremisten unter den vielzelligen Lebewesen. Noch härter im Nehmen sind nur verschiedene Arten von Bakterien. In trockenem Zustand überstehen sie Temperaturen von -196 °C (in flüssigem Stickstoff) oder (kurzfristig) auch + 100 °C. Das sind Bedingungen, mit denen sie von experimentierfreudigen Biologen im Labor traktiert wurden, die in der Natur nicht auftreten. Die Versuche veranschaulichen aber die enorme „Leidensfähigkeit“ dieser merkwürdigen Organismen. Temperaturdifferenzen, wie wir sie aber regelmäßig auf frei-

Pilz oder eine völlig eigenständige Organismengruppe? Für den Begründer der modernen biologischen Systematik, den Schweden Carl von Linné (1707 – 1778), waren sie schlicht der „Pöbel der Vegetation“. Der Schweizer Botaniker Simon Schwendener war es schließlich, der in einem 1869 veröffentlichten Aufsatz feststellte, daß Flechten Doppelorganismen aus Pilzen und Algen darstellen. Seine Annahmen waren lange heftig umstritten, sind mittlerweile aber unzweifelhaft bestätigt, und man kennt auch gute Gründe für die Entstehung dieser un-

erzeugt chemische Substanzen, die deren Zellwand durchlässig für die Zuckerverbindungen machen. Die Algen wiederum werden durch das Pilzgewebe, das den größten Anteil des Zwitterwesens ausmacht, vor zu intensiver Sonneneinstrahlung und Hitze sowie vor vollständigem Austrocknen geschützt.
Nur gemeinsam sind Alge und Pilz in der Lage, Lebensräume zu besiedeln, die ihnen sonst verschlossen blieben. Pilze wären auf den kargen Felsen nicht in der Lage, die notwendigen Kohlenhydrate zu erlangen, die Algen wie-

derum wären den extremen klimatischen Bedingungen nicht gewachsen. Dieses kontrollierte Zusammenleben funktioniert nur, da beide Partner relativ ungünstige Bedingungen vorfinden und so auf die Hilfe des anderen angewiesen sind. Man spricht daher auch von einer Hungersymbiose. Im Vergleich zu vielen Pilzen oder Gefäßpflanzen wachsen Flechten überaus langsam. Bei manchen der auf blankem wahrscheinlich schon 80 bis 100 Jahre, vielleicht sogar noch viel älter sein kann.

Sensible Pioniere

So hartnäckig diese faszinierenden Organismen auch den rauhsten klimatischen Bedingungen trotzen, so empfindlich sind sie gegenüber menschlich verursachten Luftschadstoffen. Vor allem auf Schwefeldioxid, ein typisches Abgas

Flechten sind häufig die ersten mehrzelligen Organismen, die einen Lebensraum besiedeln. Unter günstigen Bedingungen schaffen sie als Pioniere die Grundlagen zur Besiedlung, z. B. durch Moose, Farne oder besonders robuste höhere Pflanzen. Aus abgestorbenen Flechten bildet sich in Felsspalten und Mulden nach und nach ein kleines Humuspolster, und genau das kann einigen Pflanzen schon genügen.

Durch einen Felsüberhang vor direkter Sonneneinstrahlung geschützt, kann hier ein Schwarzer Streifenfarn überleben.

Der Braunstielige Streifenfarn nutzt die Feuchtigkeit und die Nährstoffe, die sich in einer Felsspalte angesammelt haben.

Fels wachsenden Krustenflechten stellte man Wachstumsraten von gerade einmal 0,5 mm pro Jahr fest. Auf mehr als 1 – 2 mm bringen es die wenigsten. Dafür können sie aber ein beträchtliches Alter erreichen. 100 Jahre sind für viele kein Problem. Gerade die felsbewohnenden Krustenflechten können aber durchaus auch mehrere hundert, ja vielleicht sogar 1000 Jahre alt werden. Wenn Ihnen also bei Ihrem nächsten Spaziergang eine Flechte von ungefähr 8 cm Durchmesser auffällt, wissen Sie nun, daß dieser unscheinbare Fleck auf einem Stein

aus Verbrennungsmotoren und Kraftwerken, reagieren Flechten sehr empfindlich. So waren bis vor einigen Jahren die meisten Städte „flechtenfreie Zone". Mittlerweile wagen sich einige, etwas hartgesottenere Arten wieder in die urbanen Lebensräume vor – ein ermutigendes Zeichen. Der beträchtliche Reichtum unterschiedlicher Flechtenarten im Pfälzerwald – nicht nur auf den Felsen, sondern auch an Bäumen, in der Moosschicht oder auf Totholz – ist daher auch ein wichtiger Indikator für die relativ saubere Luft.

Harter Konkurrenzkampf unter der Erde

Allzu anspruchsvoll dürfen aber auch diese Pflanzen nicht sein. Die Menge an Feinerde, die sich hier ansammeln kann, ist gering, ebenso der Wasservorrat. Folglich herrscht weniger überirdisch als vielmehr im Wurzelraum eine unerbittliche Konkurrenz um Nährstoffe und Wasser zwischen den Pflanzen. Häufig findet man hier verschiedene Arten von Moosen, die ähnlich den Flechten nahezu völlig austrocknen können und so längere Phasen der Trockenheit

Besonders im Frühjahr und Herbst kann man die schlanken Mauereidechsen beim Sonnenbaden auf den Felsen beobachten.

schadlos überstehen. Sehr typisch für diese Lebensgemeinschaft sind auch einige Farne, wie z. B. der Braunstielige Streifenfarn *(Asplenium trichomanes).* An feuchten Stellen, unter Überhängen und an Nordseiten überziehen nicht selten Lebermoose den Fels.

Die Mauereidechse

Pflanzen haben aus der Sicht des Naturbeobachters den unbestreitbaren Vorteil, nicht wegzulaufen, und sie lassen sich daher in Ruhe aus der Nähe studieren. Das ist bei einem Tier in der Regel viel schwerer. Um so mehr, wenn es so agil ist wie die Mauereidechsen *(Podarcis muralis).* Die schlanke, bis zu zwanzig Zentimeter lange Eidechse (fast zwei Drittel davon entfallen auf den Schwanz) findet in der Felslandschaft des Pfälzerwaldes gute Lebensbedingungen. Die wärmeliebende Art hat im Mittelmeerraum ihr eigentliches Hauptverbreitungsgebiet. Nördlich der Alpen dagegen beschränkt sich ihr Vorkommen auf mehr oder weniger große, zum Teil isolierte Bereiche. Im Pfälzerwald und an der Weinstraße ist sie recht häufig, dürfte dort in weiten Teilen sogar die häufigste Eidechsenart sein. Bundesweit zählt sie aber zu den stark gefährdeten Arten und wird daher auch in der „Roten Liste" geführt. Ihr ursprünglicher Lebensraum sind sonnenexponierte Felsen, Abbruchkanten, Geröllhalden, Trockenrasen und lichte Steppenheidewälder. Als Kulturfolger gelang ihr aber auch die Besiedlung verschiedener sogenannter Sekundärbiotope. Das sind vor allem die klassischen Legesteinmauern in den Weinbaugebieten und im Pfälzerwald, in besonderem Maße die Mauern der zahlreichen Burgen und Burgruinen.

Durch die unmittelbare Nachbarschaft freistehender, gut besonnter Felsen, sandiger Böschungen und dichter bewachsener Waldränder werden alle Ansprüche der Zauneidechse an den optimalen Lebensraum erfüllt.

Süd- oder südostexponierte Felsen erhalten schon früh am Tage wärmende Sonne. Das ist wichtig für die wechselwarmen Tiere, die erst nach einem ausgiebigen Sonnenbad ihre „Betriebstemperatur" erreichen. In Felspalten finden sie Unterschlupf für die Nacht und Zuflucht vor echten oder vermeintlichen Feinden. Für die Überwinterung dürfen zudem einige besonders tiefe, frostfreie Hohlräume nicht fehlen. An den warmen, sandigen Böschungen und Waldrändern am Fuß der Felsen finden die Tiere ihre bevorzugte Beute: Insekten und Spinnen. Man trifft Mauereidechsen meist ab Ende April an. Gelegentlich findet man sich sonnende Tiere aber sogar an Wintertagen auf den sich schnell aufheizenden Felsen liegen.

Mächtige Greifzangen und große, leistungsfähige Augen – der Gemeine Sandlaufkäfer ist bestens für die Jagd auf andere Insekten gerüstet.

Beladen mit leuchtend gelben Blütenpollen kehrt eine Sandbiene zu ihrem Nest zurück.

Langsamkeit führt zum Ziel – Beobachten von Mauereidechsen

Die kräftigeren, abwechslungsreicher gezeichneten Männchen bilden Reviere, die je nach Üppigkeit des Nahrungsangebotes zwischen 12 und 50 m^2 groß sind. Vor und während der Paarungszeit im Frühling kann es zwischen den Männchen – wenn auch noch so imposante Drohgebärden nicht gefruchtet haben – zu heftigen Kämpfen kommen. Weibchen, das ist klar, sind in den Revieren der Männchen gern gesehene Gäste. Aber auch unter den Damen kommt es gelegentlich zu ruppigen Rangeleien. Besonders an warmen Maitagen lohnt es, sich etwas Zeit zu nehmen und an geeigneten Stellen nach den hübschen Eidechsen zu suchen. Bewegt man sich sehr langsam und vorsichtig, so kann man sich den Tieren zuweilen bis auf wenige Zentimeter nähern und sie dann fast so genau und intensiv begutachten, wie die oben beschriebenen Flechten und Farne. Auch wenn man durch eine versehentliche, hastige Bewegung einmal eine Echse in die Flucht geschlagen

hat, dauert es meist nicht lange, bis sie wieder aus der schützenden Felsspalte hervorkriecht und sich einer ihrer Lieblingsbeschäftigungen, dem Sonnenbaden, hingibt. Um der Sonne die größtmögliche Fläche darzubieten, spreizen die Eidechsen die Rippen ab, machen sich ganz breit und flach. In dichtbesiedelten Mauereidechsen-Biotopen – und die sind im Pfälzerwald nicht selten – kann man an sonnigen Maitagen viel vom Verhaltensrepertoire der Mauereidechse studieren: Drohgebärden und Kämpfe zwischen Männchen an den Reviergrenzen, Rangeleien zwischen den Weibchen, mit etwas Glück sogar eine Paarung oder die Eiablage.
Zwischen Mai und Juli legen die Weibchen an verschiedenen Stellen jeweils drei bis acht Eier ab. Sie bevorzugen dazu warme, sandige Stellen mit geringer Vegetationsbedeckung. Nach etwa acht Wochen schlüpfen die winzigen Eidechsen und müssen sich dann vor Eltern und Nachbarn in acht nehmen, die neben Spinnen und Grashüpfern auch kleine Artgenossen nicht verschmähen.

Schon früh im Jahr unterwegs – Sandbienen

Für die Mauereidechsen sind sie vor allem als Beute von Interesse, für den aufmerksamen Naturfreund dagegen bieten die Insekten der warmen sandigen Böschungen Gelegenheiten für spannende und überraschende Entdeckungen. Oft schon im zeitigen Frühling fallen uns Sandbienen der Gattung *Andrena* (etwa 130 Arten in Mitteleuropa) auf. Einige Arten ähneln auf den ersten Blick der Honigbiene. Anders als diese bilden sie aber keine Staaten mit vielen hundert bis tausend Arbeiterinnen und einer eierlegenden Königin. Jedes Weibchen betreut vielmehr ihr eigenes Nest. Das Nisten allerdings geschieht nicht selten gesellig. Da kann es dann vorkommen, daß sich auf einem Quadratmeter bis zu fünfzig Nester nebeneinander befinden. Wie die Honigbienen besuchen Sandbienen Blüten, sammeln Nektar und Pollen und zählen damit zu den wichtigsten Bestäubern zahlreicher Blütenpflanzen. An warmen Vorfrühlingstagen kann man die zierlicheren Männchen oft in großer Zahl dicht über dem Erdboden hin- und herfliegen sehen. Sie erwarten die etwas später aus dem Boden schlüpfenden Weibchen. Erscheinen diese schließlich, kommt es schnell zur Paarung, und bereits ab Mitte März sind die Weibchen dann beim Graben ihrer Neströhren zu beobachten. Was sich für uns nur als kleines Loch im Boden, umgeben von einem etwa fünf Zentimeter hohen Wall lockeren Sandes darstellt, ist tatsächlich das Ergebnis einer gewaltigen Arbeitsleistung. Der Hauptgang des Nestes führt oft mehr als einen halben Meter meist steil in die Tiefe. Damit die Röhre im lockeren Sand nicht zusammenstürzt, werden die Wände mit Speichel durchtränkt und so ausreichend verfestigt, sogar in begrenztem Maße wasserundurchlässig. Vom Hauptgang legt die Biene nach und nach seitlich abgehende, flaschenförmige Brutkammern an. Von den oft mehrere hundert Meter entfernt liegenden Trachtquellen trägt

Die Wespenbiene parasitiert die Nester der Sandbienen. Wie ein Kuckuck legt sie ihre Eier ins gemachte Nest.

Bis zu 10 000 Eier legt ein Ölkäfer-Weibchen. Die Larven entwickeln sich, wie die der Wespenbiene, als Brutparasiten in den Nestern von Sandbienen.

die Bienenmutter nun Pollen und Nektar ein, formt daraus einen kugeligen Klumpen, plaziert diesen in die erste Kammer und legt darauf ein Ei. Dann wird diese Kammer mit Sand verschlossen, die nächste angelegt, mit dem Nahrungsvorrat und einem Ei belegt und so weiter. Bis zu zehn Kammern sind es am Ende. Im April oder Mai ist das Nest komplett, und dann stirbt die Biene. Dank des üppigen Proviants wachsen tief in der Erde die Larven schnell heran. Noch im Frühjahr spinnen sie sich in einen Kokon ein, bleiben dann aber als Ruhelarven einige Zeit unbeweglich im Nest liegen. Schließlich verpuppen sie sich. Im Spätsommer erfolgt die Häutung und damit die Umwandlung zur erwachsenen Biene. Diese verbringt aber den Herbst

und Winter noch im Boden, in ihrem Kokon. Im zeitigen Frühjahr gräbt sich dann die neue Generationen ihren Weg ins Freie.

Unliebsame Gäste – die Kuckucksbienen

Wo so viel gutes Futter in den Boden geschafft wird, gleichzeitig die Vorräte aber aufgrund der notwendigen Abwesenheit der Eigentümer oft unbewacht sind, herrschen optimale Bedingungen für allerlei Diebesgesindel. Die bösen Buben sind in diesem Fall Wespenbienen der Gattung *Nomada*, die in Mitteleuropa mit rund 70 Arten vertreten ist. Sie lungern überall herum, wo Sandbienen, mit viel Mühe ihre Niströhren anlegen. Man zählt diese Parasiten zu den Kuckucksbienen, und damit ahnt so mancher schon, wie der Parasitismus aussieht, den diese schlanken, wenig behaarten und in ihrer Färbung stark an Wespen erinnernden Bienen praktizieren. Mit einiger Penetranz inspizieren sie immer wieder dieselben Nester. In einem ihnen geeignet erscheinenden Moment, wahrscheinlich kurz nach der Eiablage durch die Sandbiene, dringen sie dann in das Nest ein, legen ihrerseits ein Ei in die fertige Brutzelle und verschwinden wieder. Die Wespenbienenlarve tötet vermutlich zunächst die Sandbienenlarve, um sich dann nach Kuckucksmanier an der eigentlich dem Sandbienenkind zustehenden Nahrung zu mästen. Kurioserweise verhalten sich die Sandbienen gegenüber den hinterhältigen Parasiten völlig gleichgültig. Ist der „Kuckuck" gerade im Nest, wenn die treusorgende Bienenmutter zurückkehrt, so wartet diese geduldig, bis der Parasit das Nest verlassen hat, bevor sie das gesammelte Futter in die Röhre trägt.

Per Huckepack ins gemachte Nest – die Larven der Ölkäfer

Kuckucksbienen sind jedoch nicht die einzigen, die sich auf Kosten der Sandbienen ernähren wollen. Eine besonders tückische Strategie haben die Ölkäfer oder Maiwürmer (Gattung *Meloë*) entwickelt. Ein winziges frühes Larvenstadium des Käfers, oft nicht einmal einen Millimeter lang, krabbelt direkt nach dem Schlüpfen an der nächstbesten Pflanze hoch, und viele geraten so in die Blüten. Dort klammern sie sich an ein behaartes Insekt, welches auf Nektarsuche gerade die Blüte besucht. War dies keine Biene, so hat die kleine Käferlarve Pech gehabt. Ihr Leben ist damit in den meisten Fällen bald zu Ende. War es aber eine Biene, so wird sie von dieser in das Nest getragen. Wirte der Maiwürmer sind neben den Sandbienen verschiedene andere solitäre Wildbienen. Da die Wahrscheinlichkeit, so den passenden Wirt zu finden, nicht so hoch ist, müssen die Maiwürmer besonders viele Eier legen. So zählen sie zu den produktivsten Käfern überhaupt. 4 000 bis 10 000 Eier legt ein Weibchen, um dadurch die Chancen einer erfolgreichen Fortpflanzung zu erhöhen. Die „glücklichen" Maiwurmlarven suchen in der Niströhre der Wirtsbiene eine bereits belegte Zelle und machen sich dann direkt

Der Sandlaufkäfer ist auf langen Beinen unterwegs. Sie erlauben es ihm, den Körper möglichst weit von der oft sehr heißen Sandfläche abzuheben.

über das Bienenei her. Ist diese erste Mahlzeit verdaut, erfolgt eine Wandlung der Larve. Aus einem flinken, schlanken Krabbeltier mit sechs beweglichen Beinchen und kräftigen Hinterleibsborsten wird nach einer Häutung eine blasse, weichhäutige Larve mit Stummelbeinen, die sich nun von dem von der Wirtsbiene eingelagerten Pollen-Nektar-Klumpen ernährt. Sie nimmt rasch an Größe zu, häutet sich zwei weitere Male, ohne aber erneut die Gestalt zu ändern. Im Spätsommer schließlich verläßt die Larve die Zelle, gräbt sich in der Erde ein und überdauert den Winter als sogenannte Scheinpuppe. Im Frühjahr erfolgt dann eine weitere Häutung, aus der eine dritte Larvenform hervorgeht, die der zweiten aber sehr ähnelt. Diese besteht nur für wenige Tage, verpuppt sich und nach weiteren vier Wochen schlüpft endlich der fertige Maiwurm.

Auf heißem Sand zu Hause – der Sandlaufkäfer

An heißen Sommertagen fallen uns besonders flinke Käfer auf, die hektisch über die offenen Sandflächen laufen. Es handelt sich dabei um Sandlaufkäfer der Gattung *Cicindela*. Zwei Arten, der metallisch grüne Feldsandlaufkäfer *(Cicindela campestris)* und der dunkle, gelblich gebänderte Gemeine Sandlaufkäfer *(Cicindela hybrida)*, sind relativ häufig zu beobachten. Mit langen Beinen heben sie ihren kräftigen, gut einen Zentimeter langen Körper hoch über den heißen Sand, eine Anpassung, die sie mit vielen wüstenbewohnenden Insekten teilen, und die ein allzustarkes Aufheizen des Körpers über der heißen Oberfläche verhindert. Nähert man sich ihnen zu hastig, fliegen sie mit einem für Käfer ungewohnten Tempo auf, nur um sich wenige Meter entfernt wieder niederzulassen, interessanterweise stets so, daß der Kopf dem tatsächlichen oder vermeintlichen Störenfried zugewandt ist. Schafft man es mit viel Geduld dann doch, sich den hübschen Käfern zu nähern, so fallen sofort die gewaltigen Kieferzangen auf, die sie eindeutig als Fleischfresser ausweisen. Auffällig sind auch die riesengroßen Augen, die fast aus dem Kopf zu quellen scheinen. Sie spielen bei der Jagd nach anderen Insekten oder Spinnen die entscheidende Rolle. Im Lauf erspähen sie damit ihr Opfer, stürzen blitzschnell darauf zu und ergreifen es dann mit den säbelförmigen Kieferzangen.

Schauen wir uns den Lebensraum der Sandlaufkäfer etwas genauer an, so finden wir, bevorzugt am Rande offener Sandflächen, gelegentlich eine größere Zahl kreisrunder Löcher von knapp einem Zentimeter Durchmesser. Hier lohnt es sich, eine Weile still zu verharren. Nach und nach nämlich werden sich die Löcher wieder verschließen – und zwar durch den dicken Kopf und das erste Brustsegment einer Sandlaufkäferlarve. Die hat sich zuvor, gewarnt durch die Erschütterungen des Bodens, die unsere Schritte ausgelöst haben, blitzschnell in ihre bis zu einem halben Meter tiefe Röhre zurückgezogen. Nach einigen Minuten kommt sie aber wieder an die Oberfläche. Hier wartet sie, ausgestattet mit einem für Käferlarven überdurchschnittlich guten Gesichtssinn, auf sich nähernde Insekten. Wie die erwachsenen Käfer, so sind auch die Larven Fleischfresser. Die Taktik ist freilich eine andere – sie sind Lauerjäger, die warten, bis geeignete Beutetiere in ihre Reichweite gelangen. Dann schießen sie förmlich aus ihrem Loch, packen das überraschte Opfer mit den kräftigen Kieferzangen und zerren es in die Tiefe ihrer Wohnröhre. Dort erfolgt die Mahlzeit, und die Überreste werden anschließend ins Freie befördert.

Der Ameisenlöwe – ein geduldiger Lauerjäger

An manchen Stellen, bevorzugt an Waldrändern oder unter überhängenden Felsen, scheint es, als hätte ein Kind beim Spielen versucht, eine Mondlandschaft im Sand nachzubauen. Über einige Quadratmeter reiht sich ein trichterförmiger, bis zu acht Zentimeter weiter und fünf Zen-

Trichter reiht sich an Trichter. Hier haben Ameisenlöwen ihre tödlichen Fallen aufgebaut.

Nur selten findet der Ameisenlöwe an die Oberfläche. Normalerweise lauert er eingegraben am Grund seines Trichters auf Beute.

timeter tiefer Krater an den nächsten. Ameisen sind am sonnigen Waldrand häufig, und so dauert es selten lange, bis eine kleine Ameise versehentlich in einen dieser Krater gerät. Bei ihrem Bemühen, wieder herauszukrabbeln, gleitet ihr der Sand förmlich unter den Füßen weg, und wenn man meint, es könnte ihr gelingen, wird sie von einem unsichtbaren Fiesling aus der Mitte des Trichters mit Sand beworfen und rutscht schließlich bis zum Grund ab. Dort wird sie blitzartig von zwei langen dünnen Klauen ergriffen und verschwindet trotz heftiger Gegenwehr im Sand. Ein Ameisenlöwe hat zugeschlagen. Seine zangenförmigen Mundwerkzeuge weisen an der Unterseite jeweils eine Rille auf, durch die er Verdauungssekret injizieren und im Gegenzug das sich nach und nach verflüssigende Opfer aussaugen kann. Je nach dem, wie hungrig der „Löwe" und wie groß die Beute war, dauert das 20 Minuten bis zu drei Stunden. Nach Ende der Mahlzeit wird die vollständig ausgelutschte Hülle mit Schwung aus dem Trichter geschleudert.

Der Hungerkünstler

Was sind das für merkwürdige Tiere, die geduldig im heißen Sand auf Beute lauern? Mit Löwen haben sie natürlich wenig gemeinsam, vielmehr handelt es sich um die Larven der Ameisenjungfer, eines Insekts aus der Ordnung der Netzflügler. Da sie überwiegend dämmerungs- und nachtaktiv sind und sich tagsüber gut verstecken, bekommt man sie nur überaus selten zu Gesicht. Das gilt natürlich auch für die Larven. Kann man die Trichter leicht entdecken, so wird sich dessen Bewohner praktisch nie freiwillig an der Oberfläche zeigen. Schaut man aber genauer in so einen Trichter hinein, kann man zumindest die riesigen Kieferzangen erkennen, die aus dem Sand ragen. Da man ihn also ohnehin nie in ganzer Größe zu sehen kriegt, hat sich die Natur, so scheint es, auch nicht besonders viel Mühe gemacht, ihn mit optischen Reizen auszustatten. Der kleine, flache Kopf mit den riesigen Kieferklauen sitzt auf einem ungefähr gleich breiten ersten Brustsegment, die folgenden Brustsegmente sind deutlich breiter und gehen dann fast übergangslos in einen kugelig verdickten Hinterleib über. Die Farbe ist bräunlich mit einigen dunklen Punkten und das ganze, bis zu gut einen Zentimeter lange Tier ist von kräftigen Borsten bedeckt. Diese, vor allem die am Hinterleib, sind nach vorn gerichtet. Das gibt dem „Löwen" Halt im Sand und erlaubt es, auch größere Beutetiere sicher festzuhalten, ohne daß er von diesen aus dem Trichter herausgezerrt werden kann.

Die Sandflächen, auf denen die Larven ihre Trichter anlegen, heizen sich im Sommer stark auf. Sie mußten daher einige Anpassungen entwickeln, um Hitze und Trockenheit zu überstehen. Vorteilhaft ist dabei zunächst, daß die Temperatur am Boden des Trichters vier bis sechs Grad niedriger ist als auf der ebenen Sandoberfläche. Bei sehr starker Sonneneinstrahlung findet man die Ameisenlöwen in der Regel auch auf der Schattenseite der Trichter. Eine dicke, wasserundurchlässige Haut schützt sie zudem wirksam vor Austrocknung. Da sie als Lauerjäger nicht aktiv auf die Suche nach Beute gehen können, müssen sie auch auf längere Hungerphasen eingestellt sein. Dabei erinnern sie in ihrer Genügsamkeit fast an die vorher beschriebenen Flechten. Bis zu acht Monate sind sie in der Lage, ohne Nahrung und Flüssigkeit zu überstehen.

Im Pfälzerwald kommen zwei Arten der Ameisenjungfern vor: die Gefleckte Ameisenjungfer *(Euroleon nostras)* und die Große Ameisenjungfer *(Myrmeleon formicarius)*. Die Larven unterscheiden sich in ihrer Lebensraumwahl. Während die der Gefleckten Ameisenjungfer kleine, vor Regen einigermaßen gut geschützte Sandflächen unter Felsüberhängen bevorzugen, findet man die Trichter der Großen Ameisenjungfer oft auf freien Stellen, etwa an flachen Böschungen am Waldrand.

Trocken-heiße Inseln

Sand und Felsen scheinen auf den ersten Blick kahl, steril, tot. Mit etwas Geduld und Neugier kann man aber gerade hier spannende und überraschende Entdeckungen machen. Eingestreut in eine große Waldlandschaft haben sich auf diesen uns unwirtlich erscheinenden Inseln Tiere und Pflanzen erhalten, die so gar nicht typisch sind für unsere insgesamt feuchte mitteleuropäische Klimazone. Die Lebensbedingungen sind denen in Wüstengebieten oft gar nicht unähnlich, und entsprechend mußten sich die hier lebenden Organismen in vielerlei Hinsicht anpassen. Als Inselbiotope stehen sie zudem natürlich in Beziehung zu den angrenzenden Lebensräumen. Ameisen zum Beispiel legen ihre Nester gerne an den sonnigen Waldrändern an, ihre Beute machen sie aber im Waldesinnern. Eidechsen wärmen sich auf den Felsen, jagen aber in der benachbarten Wiese oder am Waldrand Spinnen und Insekten. Der Ameisenlöwe lebt im Sand, die daraus schlüpfende Ameisenjungfer bevorzugt dagegen Wälder und Gebüsch. Die Liste ließe sich beliebig verlängern.

LEBENSRAUM WIESE

Ästhetik, die sich nur aus nächster Nähe offenbart: Die kleine Blüte des Stinkenden Storchschnabels und die bis zu zweieinhalb Meter hohe Eselsdistel.

Wiesen, Hecken, Wald – eng verwoben sind die verschiedenen Lebensräume im Pfälzerwald.

Mit leuchtenden Gelb setzt der Huflattich oft schon Ende Februar erste Farbtupfer in die sonst noch tristen Wiesen.

Eine bunte Blumenwiese, Schmetterlinge und andere Insekten laben sich am Nektar der Blüten, eine Lerche singt am Himmel – für viele ist das der Inbegriff unberührter Natur. Tatsächlich aber verdanken gerade die Wiesen ihre Existenz zum überwiegenden Teil dem Wirken des Menschen. Natürliche Wiesen gibt es ansonsten nur dort, wo der Wald keine Chance hat, sich zu entwickeln, wie etwa oberhalb der klimatischen Baumgrenze. Wiesenähnliche Biotope findet man auch in Nieder- oder Hochmooren, in mechanisch stark beeinflußten Überschwemmungsbereichen großer Ströme oder in felsigen Regionen, wo extrem flachgründiger Boden ein Baumwachstum verhindert.

Die Blumenwiesen, von denen in diesem Kapitel vor allem die Rede sein soll, sind jedoch ausnahmslos ehemalige Waldstandorte. Es handelt sich daher um relativ junge Lebensräume. Ihre Entwicklung setzte in Mitteleuropa mit dem Übergang von der Mittleren zur Jungsteinzeit vor rund 6 000 Jahren ein. Dieser wird markiert durch einen wirtschaftlichen und sozialen Umbruch. Die nomadisierenden Jäger und Sammler werden seßhaft, betreiben Ackerbau und züchten Haustiere. Um dies zu ermöglichen, mußte Wald gerodet werden. Da eine intensive Besiedlung des Pfälzerwaldes erst im frühen Mittelalter einsetzte, entstanden die heutigen Wiesenbiotope hier erst innerhalb der letzten tausend Jahre.

Wiese oder Weide – ein Riesenunterschied

Wiesen zählen zu den Grünlandbiotopen, aber beileibe nicht alle Grünlandbiotope sind Wiesen. Von diesen deutlich zu trennen sind die

Weiden. Hier kommt es durch das grasende Vieh zu einer mehr oder weniger starken Selektion bestimmter Pflanzenarten. Vom Vieh verschmähte Disteln, Wolfsmilchgewächse oder Pflanzen, die ätherische Öle enthalten wie die Minze, können sich besonders bei extensiver Bewirtschaftung mit niedriger Viehdichte breit machen. Beliebte Futterpflanzen dagegen haben es besonders schwer, langfristig dem Weidedruck zu widerstehen. Je höher die Viehdichte, um so mehr wird eine zusätzliche Düngung erforderlich, um den Pflanzen schnelles Wachstum zu ermöglichen. Eine Kuh benötigt immerhin rund 70 bis 80 Kilogramm Grünfutter täglich. Nach und nach werden sich schnell wachsende Pflanzen durchsetzen, die auch mit der ständigen Trittbelastung durch das Vieh zurechtkommen. Solche Weiden sind daher in der Regel recht artenarm, auf dem kargen Sandboden des Pfälzerwaldes allerdings auch so gut wie nicht zu finden.

Die regelmäßig wiederkehrende Katastrophe

Wiesen dagegen dienen der Gewinnung von Heu, Einstreu oder Grünfutter. Sie werden nur in Ausnahmefällen für kurze Perioden, meist im Frühherbst, beweidet. Ein- bis zweimal pro Jahr, im Frühsommer und Herbst, rücken die Mähmaschinen an und sorgen für eine ökologische Katastrophe. Völlig unvermittelt versiegen für die zahlreichen Insekten die üppigen Nahrungsquellen. Unzählige Insekteneier, Raupen, Maden und Puppen werden mit einem Schlag vernichtet. Das feinmaschige Geflecht von Beziehungen und Wechselwirkungen wird zerrissen. Um so erstaunlicher ist es da, daß sich eine solche Mähwiese dennoch immer wieder erholt.

Morgentau macht aus zarten Spinnweben glitzernde Perlenketten.

Erst wenn die Sonne den Nebel vertrieben hat, erwachen die Wiesen für uns erkennbar zum Leben.

Entscheidend sind da spezielle Anpassungen, die es ermöglichen, nach der Mahd schnell wieder aus den Startlöchern zu kommen. Pflanzen, die zum Beispiel flach auf dem Boden liegende Blattrosetten oder Horste bilden, wie etwa der Löwenzahn oder verschiedene Gräser, sind in einer guten Position. Sie verlieren durch die Mahd nicht ihre gesamten grünen oberirdischen Teile, können mit der verbleibenden Blattfläche direkt wieder Photosynthese betreiben, das heißt Lichtenergie und Kohlendioxid in Biomasse umsetzen. Andere Pflanzen müssen zunächst aus ihren in den Wurzeln gespeicherten Reserven wieder Blätter aufbauen und können erst danach wieder in die Nettoproduktion einsteigen.

Späte Mahd sorgt für besonders bunte Wiesen

Der Zeitpunkt und die Häufigkeit der Mahd ist bei Wiesen der Faktor, welcher über die Artenzusammensetzung und die langfristige Entwicklung, auch der Tierwelt, entscheidet. Erfolgt nur eine Mahd spät im Jahr, so können die Pflanzen ihre Vegetationsperiode vollständig abschließen, Samen bilden, diese verbreiten und in den Wurzeln ausreichende Nährstoffreserven für das nächste Frühjahr anlegen. Auch viele Kleintiere können ihren Entwicklungszyklus vollenden. Solche einschürigen Wiesen sind durch eine große Artenvielfalt gekennzeichnet und aufgrund der zahlreichen unterschiedlichen Blütenpflanzen besonders bunt. Was zunächst paradox klingt, nämlich, daß die größte Vielfalt dort entsteht, wo die wenigsten Nährstoffe vorhanden sind, läßt sich einfach erklären. Bei einem üppigen Nährstoffangebot dominieren sofort die besonders schnellwüchsigen Arten, und das sind nur wenige. Sind Nährstoffe dagegen limitiert, haben auch langsam wachsende, anspruchslose Kräuter eine Chance. Werden Wiesen häufiger gemäht, ist in jedem Falle eine zusätzliche Düngung erforderlich. Das hat eine besonders gravierende Konsequenz: Schnellwüchsige Arten werden gefördert – auf Kosten der Artenvielfalt. Außerdem werden sich Pflanzen gut behaupten, die sich vegetativ, z.B. über Ausläufer, vermehren. Dazu zählen etwa der Weißklee oder der Kriechende Hahnenfuß. Durch den kurzen Abstand zwischen den zwei oder drei Mähterminen gelingt es den Pflanzen nämlich in der Regel nicht, ihren normalen Fortpflanzungszyklus abzuschließen. Die erste Mahd erfolgt nicht selten schon Mitte Mai, zu früh für viele Wiesenblumen, die im Frühsommer ihre Hauptblütezeit haben. Allein die Verlegung der ersten Mahd in den Juni kann daher schon erheblich zum Erhalt der Artenvielfalt beitragen. Besonders die oft im Mai und Juni blühenden Orchideen haben nur dann eine Chance, sich in den Wiesen zu halten.

Der Wald kehrt zurück

Neben den besonders im südlichen Pfälzerwald glücklicherweise verhältnismäßig häufig zu findenden Magerwiesen, macht sich in den letzten Jahrzehnten eine andere Form des Grünlandes immer breiter – die Brache. Allein zwischen 1970 und 1990 verringerte sich die als Acker genutzte Fläche des Pfälzerwaldes um rund die Hälfte. Nur ein geringer Teil wurde danach in andere Nutzungen, etwa in Bauland, überführt. Der überwiegende Teil fiel brach und wurde der natürlichen Sukzession überlassen. Das bedeutet, daß sich auf diesen ehemalige Äckern zunächst wiesenähnliche Zustände einstellen und Gräser sowie krautige Blütenpflanzen dominieren. Aus dem hier niemals weit entfernten Wald werden durch Wind oder Tiere mit der Zeit Baumsamen eingetragen. Aus der Brache wird so nach und nach wieder Wald. Aber nicht nur auf Ackerland unterbleibt die Bewirtschaftung. Auch Weiden und Wiesen werden zunehmend sich selbst überlassen. So finden wir im Pfälzerwald zur Zeit ein Mosaik unterschiedlicher Sukzessionsstufen. Bewirtschaftete Wiesen, Weiden und Äcker liegen neben brachgefallenen Parzellen in unterschiedlichen Stadien der Verbuschung oder Bewaldung. Das ist, so mag man denken, ja nur gerecht. Die Natur erobert ihr altes Terrain wieder zurück. Tatsächlich aber hat das einschneidende Auswirkungen auf den gesamten Naturraum. Je abwechslungsreicher eine Landschaft ist, je mehr unterschiedliche Strukturen vorhanden sind, um so mehr Tier- und Pflanzenarten finden hier einen geeigneten Lebensraum. Verschwinden die freien Flächen durch Aufgabe der landwirtschaftlichen Nutzung, sei es als Acker, Weide oder Wiesengrünland, so verlieren eben auch viele Organismen ihre Lebensgrundlagen. Werden andernorts die häufig umweltschädlichen Auswirkungen der Intensivlandwirtschaft beklagt, die riesige Monokulturen, abstoßende, eintönige Agrarsteppen hervorgebracht hat, so wird hier das Verschwinden der Landwirtschaft selbst von Naturschützern mit Sorge betrachtet.
Wiesen, Äcker und Weiden machen kaum mehr als fünf Prozent der Gesamtfläche des Pfälzerwaldes aus, der Verlust auch geringer Flächen wirkt sich daher schon spürbar aus. Auch viele im Wald beheimatete Tiere, wie z. B. Reh, Waldohreule, Sperber oder Bussard, benötigen diese waldfreien Inseln, um zu äsen oder zu jagen. So sind besonders beim Rehwild infolge der dramatisch zunehmenden Wiederbewaldung starke Bestandsrückgänge zu verzeichnen.

Ein zusammengewürfelter Haufen

Wiesen sind naturgeschichtlich gesehen sehr junge Biotope. Das bedeutet auch, daß sich innerhalb der wenigen Jahrhunderte ihrer Entstehung nicht völlig neue Tier- und Pflanzenarten entwickeln konnten, die diesen neu entstandenen Lebensraum besiedelten. Alle Tiere und Pflanzen, die wir auf den Wiesen antreffen, stammen ursprünglich aus anderen Lebensräumen oder zumindest aus geographisch völlig anderen Regionen. So haben etwa 50 Prozent der Wiesenpflanzen ihre Heimat in kleinen, waldfreien Bereichen innerhalb geschlossener

Waldgebiete. Das können von Windbruch geschaffene Lichtungen oder schmale Ränder von Waldgewässern sein. Ein Viertel der heutigen Wiesenpflanzen besteht aus ursprünglichen Waldpflanzen. Rund 15 Prozent stammen aus waldfreien Nachbargebieten, wie etwa den südosteuropäischen Steppen, den mediterranen Grasheiden oder den nordischen Tundren. Bei vielen dieser Pflanzen handelt es sich auch um Überbleibsel aus der letzten Eiszeit oder der nachfolgenden Warmzeit, die in kleinen Inselbiotopen zu überleben vermochten und dann rasch in die vom Menschen geschaffenen Ersatzlebensräume einwanderten. Bei etwa 10 Prozent der Pflanzenarten ist man sich über ihre Herkunft im unklaren. Mit den Pflanzen sind selbstverständlich auch die direkt an sie angepaßten Tiere in die Wiesenbiotope vorgedrungen. Viele Insekten weisen ja eine überaus enge Bindung an bestimmte Pflanzenarten auf, sei es

als Futterpflanze der Larven oder als Nektar- oder Pollenquelle. Umgekehrt sind die Pflanzen oft zur Bestäubung oder Verbreitung der Samen auf das Vorkommen spezieller Tierarten angewiesen. Was sich da auf den Wiesen zusammenfindet, ist also eine buchstäblich und im übertragenen Sinne bunte Truppe, um so erstaunlicher ist es, wie homogen uns der Lebensraum Wiese erscheint, wie dichtgewebt gleichzeitig das Geflecht wechselseitiger Beziehungen pflanzlicher und tierischer Bewohner ist.

Die Schemelwiesen

Besonders im südlichen Pfälzerwald finden wir häufig sogenannte Kastentäler. Der Bach mäandriert in der breiten ebenen Sohle, die Ränder steigen mehr oder weniger steil an. In der Bachaue würde unter natürlichen Bedingungen ein typischer Auwald wachsen, dieser aber wurde hier fast überall vollständig in Bewässerungs- oder Schemelwiesen umgewandelt. Man zog dazu senkrecht oder schräg zur Fließrichtung des Baches Gräben in die Aue. Dazwischen entstanden buckelig aufgewölbte Beete, die Schemel. Parallel zur Fließrichtung des Baches wurden außerdem Gräben am Hang angelegt, die über ein System von Schleusen die gezielte Bewässerung einzelner Parzellen ermöglichten. Bereits in den fünfziger Jahren wurde diese Art der Bewirtschaftung aber weitgehend aufgegeben. Das Grabensystem verfällt seither zusehends, die Wiesen versumpfen. Aus den feuchten Glatthaferwiesen entstehen je nach Lage Schilf-Röhrichte oder, besonders an schattigeren, kühlen Standorten, Hochstaudenfluren. Das weißblühende Mädesüß *(Filipendula ulmaria)*, verschiedene Arten von Weidenröschen *(Epilobium spec.)* oder auch der tiefrote Blutweiderich *(Lythium salicaria)* sind die auffälligsten Vertreter dieser Pflanzengesellschaft. An Stellen, wo das Wasser auch an

Fast scheint es, als würde sich der blaue Himmel in der Blumenwiese spiegeln.

Baumwanzen ernähren sich von Pflanzensäften. Gegen Angreifer setzen sie sich mit streng riechenden giftigen Duftstoffen zur Wehr.

Bei Fischbach fließt der Saarbach, einer der typischen klaren Wiesenbäche des südlichen Pfälzerwaldes.

Schon im zeitigen Frühjahr überzieht das leuchtende Gelb der Sumpfdotterblume die feuchten Wiesen.

Die Gerandete Listspinne zählt zu den größten heimischen Spinnen. Der geschickte Insektenjäger stellt dennoch für Menschen keine Gefahr dar.

die Oberfläche tritt sowie im unmittelbaren Uferbereich der Bäche, fühlt sich die Sumpfdotterblume *(Caltha palustris)* besonders wohl. Sie bestimmt mit ihren leuchtend gelben Blüten im Frühjahr das Bild.

Die blütenreichen Hochstaudenfluren bieten vor allem im Sommer zahlreichen Insekten Nektar- und Pollennahrung. Ein permanenter Geräuschteppich aus dem Brummen und Summen unzähliger Käfer, Bienen, Hummeln und Schwebfliegen liegt dann über dem Blütenmeer.

Keine Angst vor großen Spinnen

Wer seine Augen immer mal wieder auf das untere Stockwerk der feuchten Wiesen lenkt, wird über kurz oder lang eine erstaunlich große, braune Spinne entdecken: die Gerandete Listspinne *(Dolomedes fimbriatus)*. Vielerorts sehr selten geworden, ist sie in den feuchten Wiesen des Pfälzerwaldes immer noch regelmäßig zu beobachten. Mit einer Körperlänge von mehr als zwei Zentimetern und einer Beinspannweite von gut fünf Zentimetern ist sie eine der größten heimischen Spinnen. Diese können es allgemein kaum an Beliebtheit mit den bunten Schmetterlingen oder gar den Singvögeln aufnehmen. Dennoch lohnt es, diese zwar große, aber harmlose Spinne aufmerksam zu beobachten. Ihr dunkelbrauner, kurzbehaarter Körper mit den kräftigen Beinen verrät die nahe Verwandtschaft zu den Wolfsspinnen. Wie diese bauen auch Listspinnen keine Fangnetze, sondern erbeuten ihre Opfer durch schnellen, überraschenden Zugriff. Dichte Haarbüschel an den Endgliedern der Beine ermöglichen es der Listspinne, auch auf Wasser zu gehen. Sie ist hier in der Lage, Wasserinsekten, Kaulquappen und selbst kleine Fische zu erbeuten. Bei Gefahr taucht sie blitzschnell ab und hält sich, wenn es sein muß, für mehrere Stunden unter Wasser an Pflanzen versteckt. Bemerkenswert ist die aufopfernde Brutpflege der Listspinnenmütter. Rund drei bis vier Wochen nach der Paarung legt sie bis zu 1000 Eier, die direkt in einen kugeligen Kokon eingesponnen werden. Dieser Eiballen kann bis zu 14 mm Durchmesser erreichen. Während Wolfsspinnen den Kokon auf dem Hinterleib tragen, greifen die Listspinnen den dafür viel zu großen Kokon mit den Kieferklauen und tragen ihn so unter dem Körper mit sich herum. Einzig um Beute zu machen und zur Nahrungsaufnahme lassen sie den Eiballen kurze Zeit los. Ansonsten verteidigen sie ihn mutig gegen jegliche Bedrohung. Kurz bevor die Jungen schlüpfen, legt die Mutter ein Schutzgespinst an. Dazu webt sie Grashalme zu einem kuppelförmigen Gebilde zusammen, in dessen Spitze sie den Kokon einhängt. Sie selbst bewacht das Nest nun rund um die Uhr. Wenn die Jungen schlüpfen, verbleiben sie noch zwei bis sieben Tage unter mütterlicher Obhut. Versuche ergaben übrigens einen ganz erstaunlichen Orientierungssinn der Spinnenweibchen. Fängt man eine Spinnenmutter von ihrem Nest weg und setzt sie rund 200 Meter entfernt aus, so dauert es in der Regel weniger als zwei Stunden, ehe sie wieder zu ihrem Nachwuchs zurückgefunden hat. 200 Meter mag uns nicht besonders viel erscheinen, für ein gut fünf Zentimeter langes Tier entspricht dies aber ungefähr einer Strecke von sieben Kilometern. Sieben Kilometer, die sie ohne Wegweiser, geschweige denn Wege, durch unwegsames, unübersichtliches Gelände zurücklegen muß, und das ist schon eine erstaunliche Leistung.

Die bunte Pracht

Wenn wir an Blumen denken, so fallen uns Begriffe wie „bunt, wohlriechend, ästhetisch" ein. Kaum einer, dem beim Anblick einer üppigen Blumenwiese nicht das Herz aufgeht. Worüber wir uns selten Gedanken machen, ist der Anlaß dieser scheinbar verschwenderischen Pracht der Farben, Formen und Düfte. Zuallerletzt

Schon nach kurzer Zeit entwickelt sich ein brachgefallener Acker zur bunten Blumenwiese.

nämlich sind die Blumen so schön, um uns Menschen zu erbauen. Tatsächlich hat diese Modenschau in der Wiese einen ganz profanen Grund: die Verbreitung des Erbgutes, die Erzeugung möglichst vieler Nachkommen.
Anders als Tiere sind Pflanzen nicht in der Lage, sich zu Fuß auf Brautschau zu begeben. Sie sind daher darauf angewiesen, daß ihre Geschlechtszellen, meist sind es die männlichen, die Pollen, von irgendeinem Boten auf Artgenossen übertragen werden. Solche Botendienste kann, etwa im Falle vieler Gräser oder Nadelbäume, der Wind übernehmen. Viele Blütenpflanzen aber bedienen sich tierischer Boten. In unseren Breiten sind das zumeist Insekten.
Durch das Angebot von Nektar oder einer großen Menge Pollen begleichen die Blumen die Transportkosten. Die ganze schöne Blütenpracht ist also nichts anderes, als eine über Jahrtausende erfolgte Anpassung mit dem Ziel, Insekten anzulocken, die wiederum den Pollen verbreiten sollen. Allerdings stellt sich angesichts der Blütenvielfalt einer Wiese für die Pflanzen ein entscheidendes Problem: Wie kann sichergestellt werden, daß die mit Nektar und Pollen „bezahlten" Schmetterlinge, Fliegen, Hummeln oder Käfer auch die gewünschte Gegenleistung erbringen, d. h. den Blütenstaub von einer auf eine andere Pflanze derselben Art übertragen und so für die Vermehrung der entsprechenden Blume sorgen? Diesem Problem und seiner Lösung verdanken wir die bunte Pracht der Blumenwiesen.
Das Ziel der Pflanzen muß es sein, bestimmte Insektenarten an sich zu binden. Die Insekten wiederum sind bestrebt, Nahrungskonkurrenz zu vermeiden, also möglichst exklusiven Zugriff auf bestimmte Blüten und damit Nährstoffquellen zu erhalten. Zwar wird die theoretisch ideale Bindung einer Pflanzenart zu einer oder einigen wenigen bestäubenden Insektenarten nur selten erreicht, die grundlegenden Anpassungen jedoch sind auf jeder Wiese schnell zu erkennen. Pollenreiche Blüten und solche mit

Entlang der Bachauen bildet das Schmalblättrige Weidenröschen oft dichte, rot leuchtende Bestände.

Nachtfalter bestäuben die Weiße Lichtnelke. Ihre Blüte öffnet sich daher erst am späten Nachmittag und schließt sich am frühen Morgen.

Entlang der Wege und an Ackerrändern blüht von Ende Mai bis in den August der Saatmohn.

gut erreichbaren Nektarvorräten sind in der Regel weiß, wie z. B. verschiedene Doldenblütler, die Margerite und Kamille, oder gelb, wie die meisten Hahnenfußarten oder die Sumpfdotterblume. Diese Blüten werden bevorzugt von Insekten mit kurzen Rüsseln oder Mundwerkzeugen besucht. Man trifft hier in erster Linie Käfer und verschiedene Fliegenarten an.
Blumen mit versteckten Nektarvorräten dagegen sind häufig rot, blau oder violett. In diese Kategorie fallen verschiedene Knabenkräuter, Disteln mit ihren aus zahllosen dünnen Röhrenblüten aufgebauten Blütenständen, der Wiesensalbei, der Heilziest, Glockenblumen oder verschiedene Nelkengewächse. Langrüsselige Arten von Schwebfliegen, Hummeln, Bienen sowie Schmetterlinge sind deren häufigste Blütenbesucher.

Blüten und ihre Bestäuber – eine Erfolgsgeschichte gegenseitiger Anpassung

Die Mechanismen, die die Blüten entwickelt haben, um eine Bestäubung sicherzustellen, sind teilweise verblüffend. Alle hängen jedoch davon ab, daß ein Insekt der passenden Größe angelockt werden muß. Dies allein jedoch reicht oft noch nicht aus. Die Mundwerkzeuge müssen so beschaffen sein, daß das Insekt beim Saugen des Nektars auch mit den Staubgefäßen in Berührung kommt. So erfolgt über die Blütenfarbe und -form schon eine gewisse Auslese, die zumindest die Wahrscheinlichkeit deutlich erhöht, daß ein Insekt, nachdem es eine Blüte besucht hat, absehbare Zeit später eine andere derselben Art aufsucht. Neben diesen optischen Eigenheiten erfolgt eine weitere Optimierung der Wechselbeziehung über den Blühzeitpunkt. Beobachtet man eine Wiese zwischen Frühjahr und Herbst, so fällt auf, daß sie permanent ihr „Gesicht" wechselt. Frühblühende Pflanzen wie die Schlüsselblume oder das Gänseblümchen werden abgelöst vom Wiesenschaumkraut oder dem Löwenzahn. Auf

Das Kleine Knabenkraut ist eine der wenigen Orchideen-Arten, die im Pfälzerwald vorkommen.

Nachts entfaltet die Zweiblättrige Waldhyazinthe, eine Orchidee, süßen Duft und lockt so Nachtfalter zur Bestäubung.

Bescheiden. – Nur in nährstoffarmen Wiesen gedeiht der Heilziest.

diese folgen, je nach Standort, überwiegend gelbe Pflanzen wie Hahnenfußarten, der Wiesenbocksbart oder verschiedene Habichtskräuter. Durch dieses Blühen in unterschiedlichen Phasen wird die Wahrscheinlichkeit, daß Insekten auf Blumen der gleichen Art Futter suchen, beträchtlich erhöht, die Konkurrenz unter den einzelnen Blüten um Bestäuber wird so abgeschwächt. Ab Mitte Mai aber, zum Höhepunkt der Blütezeit, haben die potentiellen Bestäuber buchstäblich die Qual der Wahl. Rote Heidenelken, das goldgelbe Echte Labkraut, violette Flockenblumen, blaue Glockenblumen und, vor allem in etwas feuchteren Wiesen einige Orchideen-Arten, wie die Zweiblättrige Waldhyazinthe, das Breitblättrige oder das Gefleckte Knabenkraut, buhlen dann um Besucher und lassen die Wiese einer Malerpalette gleichen.

Blüten dienen als Blickfang und wirken durch die auffällige Farbe von weitem nicht nur auf uns, sondern vor allem auf die eigentliche „Kundschaft", die Insekten, attraktiv. Die Farben entsprechen also ungefähr den Leuchtreklamen, die unsereins in Geschäfte oder Gasthäuser locken sollen. Als eine Art Gaststätte kann man die Blumen ja durchaus verstehen. Wurden nun Insekten angezogen, dann spielen eher subtile, erst auf den zweiten Blick erkennbare Farb- und Gestaltmerkmale die entscheidende Rolle für das Zustandekommen eines für beide Seiten erquicklichen Kontaktes. Diese im Nahbereich wirkenden Signale stellen sicher, daß vor allem Insekten Station machen, die in Größe

und Körperform optimal zum Bestäubungsmechanismus der Pflanze passen. Über die Blütenform wird der Besucher automatisch in die richtige Position gebracht. Blüten etwa wie der Heilziest *(Betonica officinalis)*, der Wiesensalbei *(Salvia pratensis)* oder die meisten Orchideen bieten den potentiellen Bestäubern einen komfortablen Landeplatz, nämlich die Unterlippe der Blüte, ein speziell geformtes Blütenkronblatt an. Farblich abgehobene Bereiche oder zarte Linienmuster weisen den Tieren den Weg zur Nektarquelle, und zwar immer so, daß sie sowohl an den Pollensäckchen als auch an den Narben, den Empfangsorganen für die Pollen, vorbeikommen. Viele Blüten weisen Muster auf, die nur im kurzwelligen, ultravioletten Licht erkennbar sind. Unsere Augen können diese Signale nicht erkennen; einige Insekten aber, z. B. auch die Honigbienen, sind in der Lage, dieses ultraviolette Licht wahrzunehmen.
Zur Unterstützung der optischen Merkmale setzen Pflanzen mehr oder weniger subtile Duftnoten ein. Die ganze Bandbreite an Informationen, die in der Zusammensetzung und Konzentration der Duftstoffe verschlüsselt ist, bleibt uns verborgen. Insekten jedoch verfügen über hochempfindliche Riechorgane in den Fühlern. Düfte sind für sie eine genauso selbstverständliche Art der Kommunikation wie für uns Töne oder visuelle Reize.

Diebstahl

Blüten sind überaus geschickt konstruierte Ergebnisse jahrtausendelanger Evolution. Durch ihren Bau, ihre Farbe und ihren charakteristischen Duft sind sie in der Lage, mit hoher Wahrscheinlichkeit genau die Insekten anzulocken, die eine Bestäubung sicherstellen. Wo es allerdings so viel Nahrhaftes zu holen gibt, wird kriminelle Energie freigesetzt. Einige Insekten haben Wege gefunden, um ohne Bestäubungsdienste, sozusagen durch die Hintertür, an das begehrte Futter zu gelangen. Ein Opfer ist der Beinwell *(Symphytum officinale)*, eine Pflanze feuchter Wiesen und Ufer, die im Mittelalter – daher der Name – als Heilmittel bei Knochenbrüchen Verwendung fand. Seine manchmal weißen, manchmal auch violetten Röhrenblüten sind für Bienen und Hummeln mit langen Saugrüsseln gedacht. Arten mit kurzen Rüsseln erreichen den am Grund der Blüte austretenden Nektar nicht, zumindest nicht unter regulären Bedingungen. Einige kurzrüsslige Hummeln nutzen ihre kräftigen Beißwerkzeuge zum Einbruch. Ungefähr auf der Höhe der Nektardrüsen fressen sie einfach ein Loch in die Blütenröhre und stehlen den süßen Saft. Die Blüte geht dabei im wahrsten Sinne leer aus.

Durch die gezielte Verlagerung flüssiger Farbstoffe im Körper kann die Veränderliche Krabbenspinne ihre Farbe wechseln.

Mord

Aber nicht nur Diebstahl, auch kapitalere Delikte wie Mord, findet auf den Blüten statt. Hinweise findet man gelegentlich in Form eingesponnener Insektenleiber, die wie ein Mobile unter einer Blüte baumeln. Täter war die Veränderliche Krabbenspinne *(Misumena vatia)*. Diese ist in der Lage, durch Transport flüssigen Farbstoffes aus den Eingeweiden in die Haut, ihre Farbe aktiv von weiß nach gelb zu verändern, je nach Farbe der Blüte, auf der sie sich aufhält. Entsprechend findet man sie besonders häufig auf gelben oder weißen Blüten – allerdings nicht ausschließlich. Mit ausgebreiteten, stacheligen Vorderbeinen lauert sie bewegungslos einfliegenden Insekten auf. Besonders häufig zählen Bienen zu ihren Opfern. Dabei wartet sie den Moment ab, wenn die Biene ihren Saugrüssel in die Blüte senkt und schlägt dann blitzschnell ihre Kieferklauen in den Nacken des überraschten Opfers. Durch diese injiziert sie ein hochwirksames Gift, das praktisch sofort lähmt. Geschickt versteht es die Spinne dabei, dem Stachel der Biene zu entkommen. Dank des starken Giftes können die Krabbenspinnen auch größere Insekten wie Schmetterlinge überwältigen. Die auf der Blüte recht exponiert sitzenden Spinnen sind ihrerseits durch zahlreiche Singvögel bedroht. Besonders, wenn es mal wieder nicht geklappt hat mit der richtigen, zur Körperfarbe passenden Blütenfarbe. Ein recht gut ausgeprägter Gesichtssinn aber läßt die Tiere Gefahr meist rechtzeitig erkennen. Dann bewegen sie sich rasch an die Unterseite der Blüte und werden so für Freßfeinde unsichtbar – ein Verhalten, das wir häufig auslösen, wenn wir uns nach Entdecken einer solchen Spinne allzu neugierig nähern.

Lange nach Sonnenaufgang öffnet die Heidenelke erst ihre hübschen Blüten.

Auf Halbtrockenrasen und an Wegrändern blühen Hornklee und Kreuzblümchen.

Der Beinwell galt im Mittelalter als wirksames Kraut gegen Knochenbrüche.

Warme, trockene Böden benötigt die Kriechende Hauhechel, um zu gedeihen.

Wenig scheu gibt sich das Thymian-Widderchen. Die leuchtenden Farben warnen potentielle Feinde schon von weitem: Vorsicht giftig!

Jeder mag sie – die Schmetterlinge

Was wäre eine noch so bunte Blumenwiese ohne Schmetterlinge. Zwar kreucht und fleucht es in der Wiese überall. Kleine Käfer, Wanzen, Blattläuse und Spinnen wird man aber erst bei sehr genauem Hinsehen entdecken. Schmetterlinge dagegen erkennt man schon von weitem, sie sind es, die eine Wiese für uns sichtbar mit Leben erfüllen.

Wer an einem warmen Frühsommertag durch die in voller Blüte stehenden Wiesen des Wasgaus streift, kann sicher sein, gleich mehrere Dutzend verschiedener Schmetterlingsarten anzutreffen. Die relativ große Artenvielfalt hat einen einfachen Grund. Feuchte und trockene Wiesen, Gebüsche, Teiche, Sümpfe, Waldränder und natürlich der Wald bilden gerade hier ein besonders abwechslungsreiches Mosaik unterschiedlicher Lebensräume. So finden auf engem Raum Arten mit sehr unterschiedlichen Ansprüchen ihr Auskommen.

Schmetterlinge, und besonders die Tagfalter, zählen zu den Tieren, die eigentlich jeder gerne mag. Anders als Spinnen, Käfer oder Frösche rufen sie so gut wie nie ein entsetztes Igittigitt bei menschlichen Wiesenbesuchern hervor – dazu sind sie wohl einfach zu schön. Kaum eine andere Tiergruppe kann es an Farbenpracht mit ihnen aufnehmen, ja selbst die schönsten Blüten wirken blaß gegen viele Falter. Auch wenn unsere heimischen Arten nicht die imposante Größe tropischer Schmetterlinge erreichen, stehen sie diesen an Buntheit nicht nach.

Kurz vor Sonnenuntergang kann man beobachten, wie die Schmetterlinge sich ein Nachtlager suchen. Die Nacht verbringen sie dann mit zusammengeklappten Flügeln an Grashalmen oder Blumenstengeln hängend. Wer es schafft, schon früh, noch vor Sonnenaufgang, eine Wiese zu besuchen, wird besonders an einem windstillen Morgen so manchen taubedeckten, schlafenden Falter entdecken können. Kaum aber hat sich die Sonne über den Horizont gekämpft und den Tau von den Flügeln verscheucht, kommt wieder Leben in die Schmetterlingsgemeinde einer Wiese. Nun heißt es Nektar saugen, Energie tanken für ein meist sehr kurzes Falterleben, das nur einem Zweck dient: der Fortpflanzung.

Anderes als Flüssignahrung können sie mit ihrem langen zarten Saugrüssel nicht aufnehmen. Wie gut, daß die Wiesenblumen reichlich von dem nahrhaften Saft bereithalten, der neben Zucker auch zahlreiche Vitamine und Aminosäuren enthält und damit wirklich fast alles, was man so zum Leben braucht. Einzig Mineralsalze besorgen sich Schmetterlinge meist von anderen Quellen. Nicht selten findet man sie am Rande eintrocknender Pfützen, wo

Das Habichtskraut mit seiner tellerförmigen Blüte ist ein idealer Landeplatz für hungrige Schmetterlinge, wie hier für einen Scheckenfalter.

sich ein wenig Salz angereichert hat, oder an Tierkot, der ebenfalls Salze enthält. Manchmal überfällt ein salzhungriger Schmetterling auch einen schwitzenden Wanderer und hält sich an der durch den Schweiß salzigen Haut schadlos.

Schmetterlinge sind wählerisch

Die meiste Zeit finden wir Schmetterlinge auf Blüten oder auf dem Flug von einer Blüte zur nächsten. Achten wir einmal darauf, welche Blüten von Schmetterlingen besucht werden, erkennen wir rasch, daß diese bestimmte Voraussetzungen erfüllen müssen. Glockenblumen oder auch Lippenblütler, wie etwa die verschiedenen Taubnesseln, werden praktisch nie ange-

Stelldichein bei einer gemeinsamen Mahlzeit – zwei Mähwiesen-scheckenfalter begegnen sich auf einem Habichtskraut.

Ein Kleiner Feuerfalter saugt Nektar auf einer Gemeinen Schafsgarbe.

flogen. Auf diesen Blüten können sie einfach nicht landen und gleichzeitig, trotz des langen Rüssels, die Nektarquelle anzapfen. Die großen Flügel sind hier immer im Weg. Blüten mit einladend ausgebreiteten Kronblättern wie die Heidenelke, Flockenblumen oder auch Disteln bieten sowohl einen komfortablen Landeplatz als auch bequemen Zugang zum Nektar. Klar, daß die Schmetterlinge bei diesen Blumen auch fleißig für die Bestäubung sorgen. In ihrem dichten Pelz bleiben bei jedem Blütenbesuch reichlich Pollenkörner hängen, die sie dann zur nächsten Blüte tragen.

Bestimmt die Form einer Blüte, ob sie überhaupt durch Schmetterlinge besucht werden kann, so hat die Blütenfarbe großen Einfluß auf die Entscheidung einer bestimmten Schmetterlingsart für eine Futterpflanze. Der Kleine Fuchs *(Nymphalis urticae)* etwa bevorzugt gelbe oder blaue, Weißlinge *(Pieridae)* und der Schwalbenschwanz *(Papilio machaon)* zeigen dagegen eine Vorliebe für rote oder purpurne Blüten.

Schmecken mit den Füßen

Ist ein Schmetterling auf einer Blüte gelandet, prüft er zunächst deren Geruch und Geschmack. Entsprechende Sinneszellen dafür befinden sich, wie man das erwarten kann, im Bereich der Mundwerkzeuge, schließlich ist schmecken auch bei uns die Aufgabe der Zunge. In den Tarsen, den Füßen des Falters, sitzen aber weitere Geschmacksorgane, sogenannte Sensillen. Sie werden im wesentlichen genutzt, wenn es darum geht, die Eignung einer Pflanze für den gewünschten Zweck zu untersuchen. Solch ein Zweck kann das Saugen von Nektar sein, aber auch die Auswahl einer zur Eiablage geeigneten Pflanze. Große Sorgfalt kann dabei, je nach Schmetterlingsart, überlebenswichtig für den Nachwuchs sein. Die Raupen mancher Arten, z. B. der kleinen, meist schwarz-orange gemusterten Scheckenfalter, haben nämlich einen sehr exklusiven Geschmack, das heißt, sie fressen nur an einer einzigen oder einigen wenigen Futterpflanzenarten und sonst

Eine Wucherblume hat sich der Scheckenfalter als Nachtquartier gewählt. Frühmorgens ist er noch von feinen Tautropfen bedeckt.

nirgends. Vertut sich die Faltermutter, so verhungern die frisch geschlüpften Räupchen, selbst wenn sie auf einer tiefgrünen saftigen Pflanze sitzen, die dann nur einen Fehler hat: sie ist die falsche. So wird verständlich, daß mit der Vernichtung der Lebensräume bestimmter Pflanzenarten unweigerlich auch die auf diese Pflanzen angewiesenen Schmetterlinge verschwinden.

Aber nicht alle sind so wählerisch. Das Weibchen des sehr häufigen Schornsteinfegers *(Aphantopus hyperantus)* beispielsweise wirft seine Eier mehr zufällig irgendwo in die Wiese. Die Raupen scheinen wenig anspruchsvoll zu sein. Man fand sie bislang an 14 verschiedenen, weitverbreiteten Süß- und Sauergräsern fressend. Entsprechend vielfältig sind auch die Lebensräume, in denen man diesem Falter begegnet. Egal ob Wald, Feuchtwiese oder Halbtrockenrasen, die lieben Kleinen dieser Art finden überall etwas zu futtern.

Ameisen als Babysitter

Einige der über 30 Arten von Bläulingen, die im Pfälzerwald vorkommen, interessiert neben der Art der Wirtspflanze vor allem noch, ob auch bestimmte Ameisen in der Nähe wohnen. Denen ist nämlich die Rolle des Babysitters zugedacht. Ähnlich wie Blattläuse produzieren die Raupen dieser Bläulingsarten eine Art Honigtau. Anders als bei den Blattläusen aber, die im Grunde nur den überschüssigen Pfanzensaft, den sie zwar saugen, jedoch nicht verwerten können, hinten wieder rauslassen, verfügen die Raupen über spezielle Drüsen. Ein Drüsentyp bildet Stoffe, die wohl in Ameisen Mutterinstinkte wachrufen, der andere erzeugt den süßen Saft, der die Ameisen für ihre Wachdienste belohnt und sie so langfristig bei der Stange hält. Die Raupen verfügen über keinerlei eigene Schutzmechanismen, wären allen möglichen Feinden also wehrlos ausgeliefert. Räuberische Ameisen oder kleine parasitische Wespen zählen zu den ärgsten Bedrohungen, und genau die werden von der Ameisenwachmannschaft sehr effektiv abgewehrt. Wie effektiv, das zeigte ein Experiment, das Forscher in den USA anstellten. Sie trennten dort die Ameisen von den Raupen. Als Folge überlebten nur 10 bis maximal 25 Prozent der Raupen, verglichen mit einer Kontrollpopulation, die ihre Beschützer behalten durften.

Auf derart zuverlässige Bodyguards müssen erwachsene Falter verzichten. Sie schützt vor allem der unruhige Flug davor, allzu leichte Beute verschiedener insektenfressender Singvögel zu werden. Viel häufiger als im Flug werden sie aber beim Besuch von Blüten erwischt – von der oben erwähnten Krabbenspinne oder von Eidechsen und Grasfröschen.

Die Jäger

Die Blüten ziehen Insekten an, die Insekten wiederum bilden die Nahrungsgrundlage einer höchst unterschiedlichen Gemeinde von Insektenjägern. Spitzmäuse zählen ebenso dazu wie eine Reihe von Singvögeln, z. B. das Braunkehlchen *(Saxicola rubetra)* oder das Schwarzkehlchen *(Saxicola torquata)*. Besonders häufig und daher auch gut zu beobachten sind aber die Reptilien und Amphibien. Auf trockenen Wiesen und an sonnigen Hängen begegnet uns regelmäßig die bereits erwähnte Mauereidechse *(Podarcis muralis)*. Sie profitiert von der engen Verzahnung der unterschiedlichen Lebensräume im Pfälzerwald. In den Felsen findet sie Verstecke und Überwinterungsplätze, hier kann sie sich sonnen und auf Brautschau gehen. In den angrenzenden Wiesenbiotopen geht sie auf die Jagd nach Spinnen und Insekten.

Kreuzkröten haben es gern warm und trocken

Trockenheit und Amphibien sind für uns zwei Begriffe, die nicht gut zusammenpassen. Frösche und Kröten gelten gemeinhin als feucht und glitschig, werden demzufolge auch zumeist mit Feuchtbiotopen in Verbindung gebracht. Die Kreuzkröte *(Bufo calamita)* ist da etwas anders. Durch eine warzenfreie, gelbe Linie, die sich längs über den Rücken zieht, und durch ihre kurzen Beine unterscheidet sie sich schon äußerlich von der häufigeren Erdkröte *(Bufo bufo)*. Aufgrund der kurzen Hinterbeine kann sie auch nicht hüpfen, vielmehr rennt sie in der Regel mausflink umher, im englischen Sprachraum wird sie daher auch als „Laufkröte" (Running Toad) bezeichnet. Sie bevorzugt trocken-warme Lebensräume mit lockerem, sandigem Untergrund. Da es daran besonders im Wasgau nicht mangelt, ist sie hier recht häufig. Wie viele Amphibien, so ist auch die Kreuzkröte überwiegend dämmerungs- und nachtaktiv, vor allem junge Tiere kann man aber gelegentlich auch tagsüber antreffen.

Kreuzkrötenlarven entwickeln sich besonders schnell. Im günstigsten Fall dauert es gerade einmal drei Wochen, bis sich aus dem Laich fertige kleine Kröten entwickelt haben. Dieses Tempo erlaubt es den Kröten, auch Kleingewässer wie

Pfützen oder Fahrspuren in Feldwegen als Laichplatz zu nutzen. Ehe diese wieder austrocknen, haben die Kleinen ihre Kinderstube längst verlassen. So sind Kreuzkröten zwar nicht ganz unabhängig vom Wasser, können aber Lebensräume ohne größere, dauerhafte Gewässer besiedeln, die anderen Amphibienarten verschlossen bleiben.

In feuchten Wiesen zu Hause – Grasfrösche und Erdkröten

Ganz anders stellt sich die Situation in den feuchten Wiesen der Bachtäler dar. Hier verwundert uns die Anwesenheit von Fröschen und Kröten nicht. Erfreulich ist deren Häufigkeit, und dazu hat die Anlage künstlicher Fischteiche im Mittelalter wesentlich beigetragen. Besonders die heute nicht mehr intensiv genutzten, teilweise verlandenden Teiche haben sich zu optimalen Amphibienlaichgewässern entwickelt. Nicht selten findet man Tausende von Fröschen und Kröten, die im zeitigen Frühjahr gemeinsam ablaichen. Der Wasseraufenthalt beschränkt sich beim braungefärbten Grasfrosch *(Rana temporaria)* und der ebenfalls meist braunen, manchmal graubraunen Erdkröte *(Bufo bufo)* auf wenige Tage, dann kehren sie an Land zurück und finden in den feuchten Wiesen reichlich Nahrung. Käfer, Ameisen, Fliegen, Spinnen, Asseln, Schnecken und Würmer füllen den Kröten und Fröschen den Bauch, und daran herrscht hier kein Mangel.

Die Ringelnatter

Nur selten werden wir in den feuchten Wiesen auch einer Ringelnatter *(Natrix natrix helvetica)* begegnen. Sie ist relativ scheu. Schon die Erschütterung unserer Schritte genügt meist, um sie in die Flucht zu schlagen – meist noch, bevor wir sie zu Gesicht bekommen haben. Dabei ist sie keineswegs besonders selten, denn Nahrung findet sie hier ja reichlich. Während sich die Frösche und Kröten über das riesige Heer der kleinen Krabbeltiere hermachen, haben es Ringelnattern vor allem auf die Grasfrösche abgesehen, verschmähen aber auch Kröten nicht grundsätzlich.

Die Kreuzkröte vergräbt sich tagsüber im lockeren, sandigen Boden. Nachts macht sie Jagd auf Schnecken und Insekten.

Viele hundert, manchmal Tausende Erdkröten laichen im Frühjahr in den zahlreichen Teichen des Wasgau gemeinsam ab.

Die Ringelnatter ist eine recht stattliche Schlange. Leicht erkennt man sie an den gelben Halbmondflecken am Übergang vom Kopf zum Körper. Sie erreicht zumeist eine Länge von gut einem Meter, kann aber in Ausnahmefällen bis zu zwei Meter lang werden. Sie ist für uns eigentlich harmlos und wie alle unsere heimischen Nattern ungiftig. Dennoch wäre es eine ziemlich schlechte Idee, eine Ringelnatter fangen zu wollen. Überrascht man tatsächlich mal ein Tier und treibt es in die Enge, so zeigt es zunächst ein recht eindrucksvolles Imponierge-

Schon kurz nach der Schneeschmelze finden sich die Grasfrösche in ihren Laichgewässern ein.

habe. Nach Art einer Kobra richtet sich die Schlange auf und plattet ihren Körper ab, um breiter zu erscheinen. Sie zischt und versucht, den Störenfried mit Scheinbissen zu vertreiben. Tatsächlich zubeißen tut sie nur überaus selten. Fruchtet alles Drohen nichts, so versucht sie es gelegentlich mit Totstellen. Wer nun denkt, er hätte leichtes Spiel und versucht, die Schlange zu ergreifen, erlebt eine übelriechende Überraschung. Die Natter wird plötzlich wieder sehr lebendig, windet sich um den Arm des überraschten Angreifers und entleert den Inhalt ihrer Analdrüsen. Der Geruch dieser dünnen Brühe wird als „moschusartig" beschrieben – „atemberaubend" charakterisiert ihn sicher besser. Nach Aussagen Betroffener hält sich der „Duft" ausnehmend dauerhaft in entsprechend behandelten Kleidungsstücken und läßt sich auch von der Haut nur mit viel Seife wieder entfernen. Diese Maßnahme stellt einigermaßen sicher, daß der potentielle Schlangenfänger künftig von derartigen Versuchen Abstand nimmt und die Schlange dort läßt, wo sie hingehört, in ihrem natürlichen Lebensraum.

In Wiesen gibt es viel zu entdecken

Nur kleine Ausschnitte aus dem vielschichtigen und vielgestaltigen Lebensraum Grünland konnte ich in diesem Kapitel präsentieren. Was aber hoffentlich deutlich wurde, ist, daß es in den Wiesen, Weiden und auf den Brachflächen des Pfälzerwaldes eine ganze Welt zu entdecken gibt – man muß nur genau hinschauen. Trotz des, verglichen mit dem Waldanteil, verschwindend geringen Flächenanteils des Grünlandes, sind diese Lebensräume von hoher Bedeutung für den dauerhaften Erhalt der Artenvielfalt im gesamten Naturraum Pfälzerwald. Die meisten Tiere benötigen einfach die strukturelle Vielseitigkeit in einer Landschaft. Sie nut-

zen Gehölze als Deckung, Rückzugsraum oder als Brutplatz. In Gewässern laichen sie, in den Wiesen gehen sie auf die Jagd oder nutzen das reiche Angebot pflanzlicher Nahrung, sei es Nektar oder Grünfutter. Auch wir genießen die Abwechslung, die durch die Wiesen in dem großen Waldgebiet entsteht, wir schätzen den Ausblick auf eine offene Landschaft, wissen die Kühle des Waldes besser zu schätzen, wenn wir zuvor durch eine sonnige Wiese gewandert sind und umgekehrt. Wiesen sind durch den wirtschaftenden Menschen entstanden, und wo die Bewirtschaftung unterbleibt, was im Pfälzerwald zunehmend der Fall ist, erobert der Wald sein ursprüngliches Terrain wieder zurück. Im Interesse einer möglichst abwechslungsreichen Landschaft bleibt daher zu hoffen, daß es langfristig gelingt, zumindest große Teile des Grünlandes als solches zu erhalten.

Frösche stehen ganz oben auf dem Speiseplan der bis zu über einen Meter langen, aber ungiftigen Ringelnatter.

An feuchten Tagen kommen sie oft massenhaft zum Vorschein. Für uns ansonsten unscheinbar, sind Schnecken doch wichtige Glieder im Wiesenökosystem – als Pflanzenfresser wie als Nahrung für viele Wirbeltiere.

TEICHE, SÜMPFE, FLIESSGEWÄSSER

Auf den ersten Blick recht unscheinbar, entpuppt sich der Wasserschlauch bei genauerem Studium doch als geschickter Fallensteller.

Vom Fischteich zum wertvollen Lebensraum

Die Teiche des Pfälzerwaldes haben mit den Grünlandbiotopen eines gemeinsam: sie sind das Ergebnis menschlichen Wirtschaftens. Viele Bäche wurden zum Zwecke der Fischzucht bereits im Mittelalter aufgestaut. In manchen Tälern reihen sich Teichanlagen hintereinander wie Perlen auf einer Schnur. Die Entstehung und Geschichte der Teiche, die man hier „Wooge" nennt, wurde bereits im ersten Kapitel eingehend beschrieben. Wir wollen uns in diesem Abschnitt vor allem mit einigen biologischen und ökologischen Aspekten dieser Biotope beschäftigen.

Viele Teiche überließ man nach Aufgabe der Fischzucht sich selbst. Es setzte dann der natürliche Prozeß der Verlandung ein, der charakteristisch ist für praktisch alle stehenden Gewässer. Wasserpflanzen und Tiere wachsen, sterben ab, sinken zu Boden, sorgen nach und nach für die Entstehung einer immer dicker werdenden Schlammschicht.

Laufen diese Vorgänge in gar nicht mehr oder allenfalls extensiv, ohne Zusatzfütterung bewirtschafteten Fischteichen ab, so haben wir es im Pfälzerwald zumeist mit dem sonst seltenen Typ der dystrophen Verlandung zu tun. Diese ist gekennzeichnet durch relativen Reichtum an Humus aus den abgestorbenen Organismen bei gleichzeitiger Armut der Gewässer an mineralischen Nährstoffen.

Die besondere Ausprägung der Verlandungsbiotope im Pfälzerwald hat verschiedene Ursachen. Zum einen fließt Regenwasser, welches die Bäche speist, über und durch die Rohhumusdecke der umgebenden Wälder. Diese enthält wenig freie Nährstoffe, ist aber relativ sauer, was wiederum zu einem hohen Säuregrad des Bachwassers führt. Zum anderen liefert der Buntsandstein, in dem der Bach fließt, wenig Mineralsalze. Pflanzen und Tiere, die an und in den Teichen bestehen wollen, müssen also säuretolerant und, was die Nährstoffversorgung an-

Oft meterhoch wachsen die Grasbulten in den allmählich verlandenden Einlaufzonen der aufgelassenen Fischteiche.

geht, anspruchslos oder „einfallsreich" sein. Die Organismen wachsen unter diesen Bedingungen relativ langsam. Entsprechend verlaufen die Verlandungsprozesse auch langsamer als in nährstoffreichen Gewässern.

Die Verlandung setzt vor allem da ein, wo der Bach in den Teich eintritt und schreitet von dort und von den übrigen Randbereichen fort. Die Wasserfläche schrumpft, und in den verlandenden Bereichen entwickelt sich eine kontinuierliche Abfolge unterschiedlicher Pflanzengesellschaften, die in der Ausbildung eines Bruchwaldes oder eines Hochmoores ihren vorläufigen Abschluß finden.

Die Entwicklung der Hochmoore in unseren Breiten, etwa in den südlichen Vogesen oder im Nordschwarzwald, hängt zumeist unmittelbar mit den Folgen der letzten Eiszeit zusammen. Die Gletscher hatten die Landschaft geformt, Mulden ausgehobelt, Moränen aufgeschoben. Hier entstanden Seen, und unter den dort herrschenden, nährstoffarmen, gleichzeitig aber relativ niederschlagsreichen Bedingungen, kam es im Laufe vieler Jahrtausende zur Ausbildung der typischen Hochmoore, die wir heute dort antreffen.

Nährstoffarmut und ausreichende Niederschlagsmengen sind Voraussetzungen, die auch im Pfälzerwald erfüllt werden. Die Gewässer sind allerdings deutlich jünger, nicht Tausende, sondern allenfalls einige hundert Jahre alt. Eine

Zum satten Grün der dichten Ufervegetation kontrastiert das tiefe Rot des Sumpfblutauges besonders intensiv.

Entwicklung zum Hochmoor steckt, wo sie im Pfälzerwald stattfindet, also noch in den Kinderschuhen, im Initialstadium. Dennoch finden wir vielerorts die typischen Pflanzen und Tiere.

Ohne Moos nix los

Die Hochmoorpflanze schlechthin ist das Torfmoos. Rund 30 verschiedene Arten der Moosgattung *Sphagnum* kommen bei uns vor. Einige findet man nur in bereits gut entwickelten Hochmooren, andere sind typisch für die frühen Phasen, wie wir sie im Pfälzerwald beobachten können. Sie zu unterscheiden ist jedoch den Spezialisten unter den Botanikern vorbehalten. Charakteristisch für alle Torfmoose ist, daß sie bei Austrocknung ausbleichen, weshalb man sie auch als Bleichmoose bezeichnet. Die meisten Torfmoose bilden dichte, oft großflächige Filze aus. Viele tausend Pflänzchen stehen dicht an dicht und sind aufgrund anatomischer Anpassungen und der engen Verfilzung in der Lage, große Mengen Wasser zu speichern. Mitunter spannt sich so ein Moosteppich auch über einen noch bestehenden Wasserkörper. Es entsteht dann ein Schwingrasen, auf dem außer den Torfmoosen auch Seggen, Wassernabel und andere Pflanzen wachsen können. Betritt man solch einen Schwingrasen – ein Erlebnis, auf welches man besser verzichten sollte – so hat man das Gefühl, auf einem Wasserbett zu laufen. Oft ist das „Vergnügen" nur von kurzer Dauer. Der Moosteppich reißt auf, und man versinkt im wäßrigen Untergrund – nicht immer ganz ungefährlich.

Stets besteht nur die obere, wenige Zentimeter dicke Schicht aus lebenden Pflanzen. Die darunterliegenden Teile sterben ab, werden zu Torf und sorgen dafür, daß sich der Moorkörper immer mehr nach oben wölbt. So schafft sich das Torfmoos seinen Boden, den Hochmoortorf, selbst. Dieser besteht zu fast hundert Prozent aus organischer Substanz und ist extrem arm an mineralischen Nährstoffen. Die Moose und die zwischen ihnen wachsenden Pflanzen sind daher vor allem auf eine Nährstoffzufuhr aus der Luft, den Staubniederschlag, angewiesen.

Verkehrte Welt: Pflanzen fressen Tiere

Vor allem Stickstoff- und Phosphatverbindungen, nicht von ungefähr wichtiger Bestandteil von Düngemitteln, sind im Hochmoor begehrte Mangelware. Es verwundert daher nicht, daß wir gerade hier auf Pflanzen treffen, die einen ungewöhnlichen Weg gefunden haben, dieses Defizit auszugleichen. Die Rede ist von karnivoren, zu deutsch „fleischfressenden" Pflanzen, genauer vom Wasserschlauch *(Urticularia)* und vom Sonnentau *(Drosera)*.

Der Wasserschlauch

Ihn finden wir in den Flachwasserbereichen der Verlandungsgürtel, in kleinen Tümpeln zwischen Seggenbulten, Röhrichtpflanzen und Torfmoosinseln. Der Wasserschlauch, im Pfälzerwald oft der Verkannte Wasserschlauch *(Urticularia australis)*, bildet in solchen Gewässern einen schwimmenden Filz ohne Wurzelanbindung an den Gewässergrund. Im Sommer ist er recht einfach zu entdecken. Leuchtend gelb ragen dann die Blütenstände über die Wasseroberfläche. Die einzelnen Blüten erinnern sehr an Löwenmäulchen. Auch wenn die Blüte so aussieht, das „fleischfressende" Organ der Pflanze befindet sich unter der Wasseroberfläche. Kräftig entwickelte Pflanzen erreichen eine Länge von bis zu einem Meter und verfügen dann über Hunderte kleiner Fangbläschen – umgewandelte Blattzipfel. Mit diesen, nur wenige Millimeter großen Bläschen, die äußerlich an kleine Wasserflöhe erinnern, fängt der Wasserschlauch tierische Planktonorganismen und gleicht damit den Nährstoffmangel einigermaßen aus.

Die Saugfallen des Wasserschlauchs

Früher glaubte man, die Bläschen dienten der Pflanze als Schwimmhilfe. Erst vor ungefähr hundert Jahren kam man dem pflanzlichen Fleischfresser auf die Schliche. Interessant ist der Fangmechanismus. Es handelt sich nämlich um kleine Saugfallen. An einer Seite der wassergefüllten Blase befindet sich eine normalerweise dicht schließende, elastische Klappe. Sie ist mit vier nach außen weisenden Borsten besetzt. Die Blaseninnenwände sind in der Lage, Wasser aufzunehmen, welches über die Außenwände wieder in die Umgebung abgegeben wird. Da einerseits die Klappe unter normalen Bedingungen kein Wasser einströmen läßt, über die Blasenwand aber ständig Wasser nach außen gepumpt wird, entsteht im Inneren ein Unterdruck. Der führt dazu, daß sich die Blase nach innen wölbt, also unter Spannung steht. Stößt nun ein vorbeischwimmendes Tier an eine der Borsten auf der Klappe, so springt diese auf, und schlagartig strömt Wasser ein. Mit diesem Wasserstrom wird auch das kleine Tierchen nach innen gesogen. Ist der Druck ausgeglichen, schließt sich die Klappe sofort wieder. Der ganze Vorgang dauert nur den Bruchteil einer Sekunde. Durch den reusenartigen Aufbau der Blase gibt es für das gefangene Tier, einen Hüpferling oder einen Wasserfloh zum Beispiel, kein Entrinnen mehr. Drüsen auf den Blaseninnenwänden geben Verdauungssekrete ins Innere ab. Das Opfer wird verdaut und die gelösten Nährstoffe von entsprechenden Drüsen aufgenommen. Bereits während der Verdauungsvorgang läuft, wird Wasser aus der Blase gepumpt und der Unterdruck wieder hergestellt. Nach kurzer Zeit ist sie erneut fangbereit. Mitunter findet man daher in den Blasen Tierchen in unterschiedlichen Stadien der Zersetzung. Wenn sie mit unverdaulichen Resten der Opfer angefüllt sind, sterben die Blasen ab und werden durch neue ersetzt.

Der Sonnentau – eine klebrige Schönheit

Der Rundblättrige Sonnentau *(Drosera rotundifolia)* ist die zweite „fleischfressende" Pflanze, der wir in den jungen Mooren begegnen. Wer ihn nur von Fotos kennt, wird vermutlich am „Original" meist vorbeilaufen, ohne es wahrzunehmen. Der Sonnentau ist nämlich ein ziemlich kleines Pflänzchen. Spektakuläre Makroaufnahmen der Blätter mit den von glitzernden „Tautröpfchen" gekrönten roten Tentakeln, oft vor dunklem Hintergrund aufgenommen, zeigen zwar die ganze Schönheit des zarten Krautes, *in natura* muß man sich schon mit der Lupe vor dem Auge auf den Bauch legen, um einen den Bildern ähnlichen Eindruck zu erhalten.
Man findet den Sonnentau zumeist in Torfmoospolstern eingebettet. Seine etwa einen Zentimeter messenden Blättchen auf den maximal fünf Zentimeter langen Stielen bilden eine dem Boden aufliegende Rosette. Oft wächst der Sonnentau in größeren Beständen. Dann überzieht er auf einigen Quadratmetern den Torfmoosfilz mit einem rötlichen Schimmer. Bei Sonnenschein funkelt dieser „Sonnentau-Rasen" dann buchstäblich, als wäre er selbst am hellen Tage von Tau bedeckt – ein Anblick, dem wohl vor allem durstige Insekten kaum widerstehen können.

Man mag kaum glauben, daß der fragile Sonnentau für Insekten zur tödlichen Falle werden kann.

Wenn der Durst zum Verhängnis wird

Was da als glitzernder, honigzäher Tropfen auf den roten Tentakeln Durst und Hunger zu lindern verspricht, ist nichts anderes als eine wunderschöne, gleichwohl tödliche Leimrute. Landet ein Insekt auf einem Blättchen, kommt es unweigerlich mit einigen der meist über 100 Tentakeln in Berührung und ist damit praktisch rettungslos verloren. Die ersten Leimtropfen halten das Opfer schon sehr fest, und jeder Versuch, durch Zappeln und Strampeln zu entkom-

Früher geschätzte und weit verbreitete Heilpflanze, ist der Fieberklee heute vielerorts eine bedrohte Art.

men bewirkt, daß sich weitere klebrige Finger anheften und das Tierchen bald ganz umschließen. Der Tierkörper gibt zudem unbeabsichtigt Substanzen ab, geringe Mengen von Eiweißstoffen, die das Einrollen des Blattes und damit ein völliges Umschließen der Beute auslösen. Nach kurzem Kampf geht das Tier zugrunde. Die Pflanze beginnt direkt nach erfolgtem Fang Verdauungssäfte abzusondern. Diese lösen das Insekt mit Ausnahme der unverdaulichen Chitinhülle auf. Nach erfolgter Verdauung, die durchaus einige Tage in Anspruch nehmen kann, entrollt sich das Blatt wieder und ist bereit für die nächste Mahlzeit.

Wachsen, um zu Überleben

Das Torfmoos, auf dem der Sonnentau steht, wächst ständig nach oben. Absterbende Moospflänzchen werden von den nachfolgenden Generationen überwachsen und so nach und nach zum torfigen Untergrund des Moores. Die größte Gefahr für die anderen Pflanzen im Torfmoospolster besteht daher vor allem darin, vom Moos überwuchert und damit selbst zu Torf zu werden. Der Sonnentau bildet daher seine Blattrosette stockwerkartig übereinander aus. Jahr für Jahr, jeweils in einem Abstand, der den Zuwachs des Torfmooses genau ausgleicht, entsteht eine neue Rosette. So kann man, allein durch das Messen des Abstandes der in der Torfschicht liegenden alten Blattrosetten des Sonnentaus, recht genau den jährlichen Höhenzuwachs des Moores ermitteln. Dieser liegt im Mittel übrigens meist zwischen zwei und vier Zentimetern. Neben der Erschließung tierischer Kost als Stickstoff- und Phosphatquelle ist es vor allem diese Anpassung des Wachstums, die dem Sonnentau ein Überleben im nicht von ungefähr recht artenarmen Lebensraum Torfmoospolster ermöglicht.

Pflanzen mit Pioniergeist

Am Rande der verlandenden Teiche, teilweise auch die ganze Wasserfläche überziehend, finden wir Pflanzen, die man als Verlandungspioniere bezeichnet. Sie legen die Grundlage, bauen die Humusschicht auf, die schließlich über die Wasseroberfläche wächst und dann zum Beispiel von Torfmoosen erobert werden kann. Zwei besonders attraktive Vertreter dieser Pflanzengruppe sind das rotblühende Sumpfblutauge *(Potentilla palustris)*, ein Rosengewächs, und der Fieberklee *(Menyanthes trifoliata)*, der mit den Kleepflanzen nur die dreizähligen Blätter gemein hat, ansonsten aber einer eigenen Familie,

Morgensonne und Tau-Perlen verwandeln Schachtelhalme für kurze Zeit in ein glitzerndes Kunstwerk.

Die Dimensionen verschwimmen. Der schlanke Schachtelhalm wirkt gigantisch im Vergleich zur winzigen Mücke, die sich an ihm ausruht.

nämlich derjenigen der Fieberkleegewächse, zugehört. Beide, Sumpfblutauge und Fieberklee, wachsen sowohl an Gewässerrändern als auch direkt im Wasser.

Besonders der Fieberklee tritt, wo er vorkommt, meist in Massen auf. Sein bis zu eineinhalb Zentimetern dickes Rhizom bildet dann ein dichtes Geflecht, welches im Herbst und Winter meist knapp unter der Wasseroberfläche zu sehen ist. Im Frühjahr wächst aus die-

sem Gewirr der Sproß mit den markanten Blättern hervor. Ende April, Anfang Mai überziehen dann für einige Wochen die leuchtend weißen Blüten weite Bereiche der Gewässer. Die Pflanze wird von Hummeln bestäubt, und daher ist schon von weitem das tiefe Brummen Hunderter Nektar sammelnder Hummeln über den Fieberkleebeständen zu vernehmen.

Der Fieberklee, der Name deutet darauf hin, wurde früher als Heilpflanze zur Bekämpfung von Fieber eingesetzt. Blätter und Rhizom enthalten Bitterstoffe mit entsprechender Wirkung. Heute spielt diese Nutzung keine Rolle mehr, und das ist gut so. Auch wenn wir an manchen Stellen große Massenvorkommen dieser Pflanze bewundern können, sollte das nicht darüber hinwegtäuschen, daß solche Biotope stark rückläufig sind und der Fieberklee aufgrund des Schwindens geeigneter Lebensräume, wie die meisten Hochmoor-Pflanzen (und -Tiere), zu den bedrohten Arten zählt.

Der Schachtelhalm – ein lebendes Fossil

Neben den auffälligen Blütenpflanzen finden wir mit dem Schlamm-Schachtelhalm *(Equisetum fluviatile)* noch einen weiteren Verlandungspionier an einigen Teichen des Pfälzerwaldes. Schachtelhalme sind besonders urtümliche Gewächse. Die ersten Wälder der Erde, die im Karbon-Zeitalter vor mehr als 300 Millionen Jahren entstanden, wurden unter anderem von baumhohen Schachtelhalmen gebildet. Heute gibt es nur noch eine einzige Gattung dieser Pflanzen, welche man getrost als lebende Fossile bezeichnen kann. „Zinnkraut" nannte man die Schachtelhalme früher und benutzte sie, meist in Form ihrer Asche, zum Blankscheuern von Metallgefäßen. Das ging deshalb sehr gut, weil vor allem die äußere Zellschicht der Halme mit Kieselsäure, einem harten Mineral, imprägniert ist. Sie ist es vor allem, die der Pflanze eine erstaunliche Festigkeit und Zähigkeit verleiht. Unter statischen Gesichtspunkten sind Schach-

Nach rund zwei Jahren als gefräßige Larve unter Wasser, verläßt die Vierfleck-Libelle ihre Larvenhaut und erobert einen neuen Lebensraum.

Innerhalb weniger Stunden trocknet die anfangs fast weiße Chitinhülle der jungen Vierfleck-Libelle, und sie erhält ihre endgültige Färbung.

telhalme bemerkenswerte Geschöpfe. Bei einer Stengeldicke von maximal acht Millimetern erreicht der Schlamm-Schachtelhalm beispielsweise eine Höhe von eineinhalb Metern. Das entspräche hochgerechnet einem eineinhalb Kilometer hohen Turm mit einem Durchmesser von nur acht Metern.

Leben in zwei Welten – die Libellen

Mit den ersten warmen Tagen, Ende April, beginnt die Saison für eine weitere, sehr urtümliche Organismengruppe. Die Libellen schlüpfen, nach vielen Monaten, mitunter Jahren, die sie als Larven unter Wasser verbracht haben. Diese großen Insekten gehören sicher zu den auffälligsten und auch faszinierendsten Tieren, denen man entlang der Bäche, an den Teichen und in den jungen Mooren des Pfälzerwaldes begegnet. Entwicklungsgeschichtlich zählen sie zu den Oldies im Tierreich; vor mehr als 200 Millionen Jahren, noch lange bevor die ersten Vögel auf den Plan traten, beherrschten sie den Luftraum über den Feuchtgebieten des Karbon- und Jurazeitalters. Mit einer Flügelspannweite von rund

70 Zentimetern waren die Vorfahren der heutigen Libellen die größten Insekten, die es je gab. Wenn auch die heute bei uns verbreiteten Arten bedeutend kleiner bleiben, so sind Libellen doch, verglichen mit anderen Insekten, wahre Riesen.

„Sommerboten und Sonnenkünder" waren sie für den Dichter und Naturforscher Hermann Löns. Namen wie „Teufelsnadeln" und „Augenstecher", die ihnen der Volksmund gab, zeigen, daß die Tiere in der breiten Bevölkerung wenig beliebt, ja sogar gefürchtet waren. Völlig zu Unrecht, denn sieht man einmal davon ab, daß die größeren Libellen kräftig zubeißen können, wenn man den Fehler begeht, sie zu fangen, sind sie für Menschen völlig harmlos. Sie stechen nicht, haben keinen Giftstachel und sind schon gar nicht angriffslustig.

Die Angehörigen der Ordnung der Libellen *(Odonata)* verteilt sich in Europa auf zwei Unterordnungen, nämlich die Kleinlibellen *(Zygoptera)* und die Großlibellen *(Anisoptera)*. Obwohl die Vermutung naheliegt, lassen sich die beiden Unterordnungen nicht aufgrund ihrer Größe unterscheiden. Tatsächlich erreichen die größten mitteleuropäischen Kleinlibellen Körperlängen von bis zu fünf Zentimetern, während die kleinsten Großlibellen gerade einmal drei Zentimeter lang werden. Dennoch gibt es deutliche Unterschiede, die es auch bei oberflächlicher Betrachtung leicht machen, die Arten eindeutig einer der beiden Gruppen zuzuordnen. Während die Großlibellen in Ruhestellung die Flügel weit gespreizt halten, klappen die Kleinlibellen ihre Flügel mehr oder weniger eng über dem Rücken zusammen. Die Kleinlibellen sind recht langsame, uns etwas ungeschickt erscheinende Flieger. Sie haben eine relativ geringe Fluchtdistanz und lassen sich leicht aus der Nähe betrachten. Großlibellen dagegen zählen zu den leistungsfähigsten „Flugmaschinen" im Tierreich. Auch die Größe der Augen ist ein sicheres Unterscheidungsmerkmal. Bei den Kleinlibellen sitzen sie mit großem Abstand an den Seiten des Kopfes, bei den Großlibellen umfassen sie nahezu den ganzen Kopf und stoßen meist an der Stirn zusammen.

Ganz zart und verletzlich erscheint die frischgeschlüpfte Kleinlibelle. Eine kurze Zeit lang ist sie leichte Beute für Meisen und andere Singvögel.

Großlibellen sind perfekte Jagdmaschinen

Alle Libellen sind Jäger. Die Kleinlibellen kann man oft beobachten, wie sie an Binsen oder Schilfhalmen Blattläuse oder kleine Zikaden „abpflücken". Die Großlibellen erbeuten ihre Opfer, ähnlich dem Sperber oder Wanderfalken, ausschließlich im Fluge. Ihre riesigen, aus bis zu 30 000 Einzelelementen zusammengesetzten Facettenaugen erlauben ihnen das dazu nötige präzise räumliche Sehen. Durch die fast halbkugelige Wölbung der Augen und die gleichzeitig gute Beweglichkeit des Kopfes ist das erfaßbare Gesichtsfeld riesig. Die dünnen, mit Dornen besetzten Beine der Libellen eignen sich nicht zur Fortbewegung, dazu sind allein die Flügel vorgesehen. Im Flug sind sie meist eng an den Körper angelegt, um den Luftwiderstand möglichst geringzuhalten. Sobald die Libelle aber eine Beute geortet hat, was allerdings nur über kurze Distanzen möglich ist, klappen die Beine aus und bilden einen nach vorne offenen Fangkorb. In Sekundenbruchteilen erfolgt nun durch hochpräzise Koordination von Augen, Nervensystem, Flugmuskulatur und dem in den kleinen Fühlern integrierten Geschwindigkeitsmesser die Einleitung des Angriffsmanövers. Mit einer Fluggeschwindigkeit von 40 bis 50 Stundenkilometern rast die Libelle auf das angepeilte Opfer zu. Die enorme Wucht des Zusammenstoßes reicht meist schon aus, um die Beute zu töten. Die Elastizität der Beine und schräggestellter Brustsegmente dämpfen den Aufprall für den Jäger so gut ab, daß er nicht aus dem Gleichgewicht kommt.

Lange Kindheit unter Wasser

So eindrucksvoll das Schauspiel ist, welches uns diese Flugkünstler bieten, den größten Teil ihres Lebens verbringen sie als eher träge Lauerjäger

unter Wasser. Zwischen einem und fünf Jahren dauert die Entwicklung vom Ei über die Larve bis zum Imago, dem fertigen Insekt. Sieben bis fünfzehn Mal häuten sich die Tiere in dieser Zeit. Erst die letzte Häutung findet über Wasser statt, und die markiert einen wirklich einschneidenden Vorgang im Leben der Libelle.
Schon Tage vorher stellt sie die Nahrungsaufnahme ein. Von Zeit zu Zeit klettert sie ein Stückchen weit aus dem Wasser – ein Zeichen für die beginnende Umstellung von der Kiemen- auf die Luftatmung. Meist schon lange vor Sonnenaufgang, manchmal schon am Vorabend des entscheidenden Tages, klettert sie dann an einem Pflanzenstengel, einem Schilf- oder Binsenhalm aus dem Wasser. Mit den Füßen krallt sie sich schließlich fest und schwenkt dann den Unterleib in alle Richtungen, um zu prüfen, ob Hindernisse den Schlupfvorgang stören könnten. Ist alles frei, beginnt der langwierige, meist ein bis drei Stunden dauernde Prozeß. Zunächst platzt die Rückseite des Brustabschnittes auf. Es entsteht ein kreuzförmiger Riß, durch den die Libelle aus der Larvenhülle steigt. Das noch milchig-blasse Insekt beginnt nun durch Einpumpen von Blutflüssigkeit in die lappig herunterhängenden Flügel, diese zu strecken. Erst nachdem diese ganz entfaltet sind, erhalten sie ihre glasartige Transparenz. Zum Schluß wird auch der Hinterleib durch Blutzufuhr auf die endgültige Länge gestreckt, und nach und nach wird die artspezifische Färbung erkennbar. Kurze Zeit später startet die junge Libelle zum ersten Flug in ein meist nur wenige Wochen währendes Leben über Wasser. Besonders während der Schlupfphase sind die Libellen natürlich völlig wehrlos allen Feinden ausgeliefert. Viele Singvögel, vor allem Meisen, nutzen das aus. Da die Hauptschlupfzeit der Libellen im späten Frühling mit der Jungenaufzucht der Vögel zusammenfällt, bietet sich hier den Vogeleltern die Gelegenheit, den lieben Kleinen ohne viel Mühe eine üppige Mahlzeit zu servieren.

Die Gebänderte Prachtlibelle (im Bild ein Weibchen) lebt entlang der Wiesenbäche. Mit ihrem smaragdgrünen Körper und der feinen Filigranstruktur der Flügel zählt sie zu den schönsten der heimischen Libellen.

Noch vom Tau bedeckt, glänzt das Männchen der Gebänderten Prachtlibelle in der Morgensonne.

Mehr als die Hälfte der Libellenarten gelten als bedroht

Im Pfälzerwald kommen rund 30 verschiedene Arten von Klein- und Großlibellen vor. Weit über die Hälfte davon findet sich auf der Roten Liste der in Rheinland-Pfalz bedrohten Tierarten. Libellen sind heute wichtige Zeigerorganismen, wenn es darum geht, die Schutzwürdigkeit bzw. die Gefährdung von Lebensräumen zu ermitteln. Viele Arten sind sehr eng an bestimmte Umweltbedingungen gebunden. So kommt beispielsweise die besonders schöne, metallisch schimmernde Gebänderte Prachtlibelle *(Calypteryx splendens)* nur an sauberen, langsam fließenden Bächen und Flüssen mit sandigem Untergrund und üppiger Vegetation vor. An den Teichen und in den Mooren finden wir andere Arten. Von den Kleinlibellen sind das zum Beispiel die sehr häufige Frühe Adonislibelle *(Pyrrhosoma nymphula)* oder die ebenfalls weitverbreitete Gemeine Binsenjungfer *(Lestes sponsa)*, aber auch seltenere Arten wie die Gemeine Federlibelle *(Platycnemis pennipes)* oder die Speer-Azurjungfer *(Coenagrion hastulata)*.

Auch die unterschiedlichen Ansprüche der im Pfälzerwald anzutreffenden Großlibellen machen deutlich, wie breit das Spektrum an vorhandenen Wasserlebensräumen ist. Bei den Großlibellen ist es allerdings nicht ohne weiteres möglich, aus dem Vorkommen erwachsener Tiere auf eine vorhandene, sich fortpflanzende Population zu schließen. Anders als die Kleinlibellen, entfernen sich die Großlibellen auf ihren Jagdzügen mitunter viele Kilometer von ihrem „Heimatgewässer". Erst das Vorhandensein von Larven erlaubt die Annahme, daß die Art im betreffenden Lebensraum wirklich heimisch ist. Insgesamt sechzehn Großlibellenarten kommen demnach im Pfälzerwald vor. Darunter sind Arten wie die Westliche Keiljungfer *(Gomphus pulchellus)*, die klare, vegetationsarme Gewässer mit Sand- oder Kiesuntergrund bevorzugt. An sehr unterschiedlichen Gewässern findet man dagegen die Große Königslibelle *(Anax imperator)*. Der Vierfleck *(Libellula quadrimaculata)* kommt besonders häufig in Moorgewässern vor, ebenso die Schwarze Heidelibelle *(Sympetrum danae)*. Die eng verwandte Blutrote Heidelibelle *(Sympetrum sanguineum)* ist deutlich weniger wählerisch. Sie ist eine der wenigen Libellen, die es selbst in jährlich abgelassenen Fischteichen schaffen, zu überleben.

Der starengroße Eisvogel ernährt sich von kleinen Fischchen und Wasserinsekten.

Ein blauer Blitz

Nur wenig größer als ein Spatz ist ein Vogel, dem man gelegentlich an den Teichen und langsam fließenden Bächen des Pfälzerwaldes begegnen kann. Je nach Lichteinfall schimmert sein Gefieder an Kopf, Rücken und Schwingen mal kobaltblau, mal türkis. Brust, Bauch und Wangen leuchten in tiefem Orange. Die Beschreibung ist eindeutig, der Eisvogel *(Alcedo atthis)* ist unverwechselbar. Trotz seiner vermeintlich auffälligen Färbung bekommt man den Vogel selten zu Gesicht. Meist nimmt man nur einen dicht über der Wasseroberfläche daherflitzenden „blauen Blitz", begleitet von einem scharfen, gedehnten „tjie"

Rasch löst die Sommersonne den Morgennebel über dem Seehof-Weiher nahe der Burg Berwartstein auf.

wahr. Eisvögel sind scheu, und ihre Sitzplätze liegen zumeist in der Ufervegetation. Erstaunlicherweise sorgt hier die vermeintlich auffällige Färbung dafür, daß sich der Vogel scheinbar in seiner Umgebung auflöst. Das schillernde Blau der Oberseite entsteht nämlich vor allem durch die Reflexion von Licht in der Feinstruktur des Gefieders. Im Schatten eines Baumes aber wirkt der Vogel viel blasser und ist dadurch erstaunlich gut getarnt. Der Eisvogel stellt Ansprüche an seinen Lebensraum, die in Deutschland immer seltener zu erfüllen sind. Als Fischjäger benötigt er Teiche oder langsam fließende Bäche mit klarem Wasser und reichem Besatz kleiner, bis zu zehn Zentimetern langer Fische. Beliebt sind schlanke, flachrückige Arten, die sich leicht schlucken lassen, wie kleine Bachforellen, Elritzen, Gründlinge oder auch Groppen. Er brütet in selbstgegrabenen Höhlen, die er bevorzugt in Steilufern unverbauter Flüsse, in Wurzeltellern umgestürzter Bäume oder aber auch in möglichst senkrechten Böschungen in bis zu einem Kilometer Entfernung von geeigneten Jagdgewässern anlegt.

Der Eisvogel ist ein Stoßtaucher. Er kann nur in klarem Wasser fischen oder dort, wo Fischchen der passenden Größe ständig dicht genug unter die Wasseroberfläche kommen, damit er sie erkennen kann. Schon ein kräftiger Windhauch aber sorgt für Wellen, die den Jagderfolg gefährden. Geduldig sitzt er auf einem über das Wasser ragenden Zweig, den Blick ständig aufs Wasser gerichtet. Unvermittelt macht er sich ganz dünn, legt seine Federn dicht dem Körper an, verdrängt möglichst viel Luft aus dem Gefieder. Auf dem Ast trippelt er ein wenig hin und her, versucht, sich in die optimale Position zu bringen und stürzt sich dann kopfüber, wie ein Pfeil, ins Wasser. Deutlich vernimmt man das Platschen des Aufpralls, der Vogel taucht unter und erscheint im nächsten Moment auch schon wieder an der Oberfläche, schwingt sich mit einigen schnellen Flügelschlägen wieder auf seinen Sitzplatz – in seinem Schnabel ein kleines,

zappelndes Fischchen. Mit Schwung schlägt er die Beute mehrfach auf das Holz, bis sie sich nicht mehr bewegt, dann wird sie im Schnabel so gedreht, daß er sie – Kopf voraus – im Ganzen herunterschlucken kann.

Der Graureiher

Während es sicher nur wenigen je vergönnt ist, einen Eisvogel beim Jagen zu beobachten, ist das beim Graureiher *(Ardea cinerea)* schon leichter möglich. Letzterer ist nicht nur um ein Vielfaches größer, sondern, dank verbessertem Schutz, auch wieder recht häufig zu sehen. Sowohl auf feuchten Wiesen als auch an Bachrändern und seichten Ufern von Teichen sucht der stattliche, knapp einen Meter große Graureiher seine Beute. „Tiervater" Alfred Brehm gibt in „Brehms Tierleben" um die Jahrhundertwende zwar eine sehr präzise Beschreibung des Jagdverhaltens, seine Interpretation des vermeintlichen „Wesens" des Reihers hat allerdings nichts mit der Wirklichkeit zu tun und läßt uns heute eher schmunzeln. Gleichwohl macht sie deutlich, unter welch schlechtem Ruf der schöne Vogel litt, und wo auch heute noch verbreitete Vorurteile ihren Ursprung haben:

„Der lange, dünne, in allen Richtungen biegsame Hals ist ein Schleuderorgan, der Hals und Kopf weit vorwirft. Letztere aber fahren hemmungslos durchs Wasser, denn sie stellen einen einheitlichen, von den Seiten abgeflachten, vorn scharf zugespitzten Keil dar, an dem sich von der Schnabelspitze bis zum Hinterkopfe nicht der geringste Vorsprung befindet. Das große, scharfblickende Auge leitet zielsicher die Bewegung der Schleuder, so daß kaum ein Fehlstoß erfolgt. Einmal gepackt, kann selbst der schlüpfrigste Fisch zwischen den sehr scharfen, vorn auch noch gezähnelten Schnabelrändern nicht mehr entrinnen. Der Hals des

In den Wintermonaten ist der schillernd bunte Eisvogel regelmäßig zu Gast an den Weihern und Bächen des Pfälzerwaldes.
Als Brutvogel dagegen ist er extrem selten.

Reihers hat etwas schlangenartiges an sich, und auch sein böser Blick sowie das lauernde, schleichende Gebaren erinnern an die Schlange. Niedere Freßgier und Mordlust beherrscht sein Wesen und läßt ihn neidisch, boshaft und zanksüchtig gegen Artgenossen und andere Tiere sein. Größeren Tieren aber und dem Menschen weicht er scheu aus, dabei sucht er sich auch durch sonderbare Stellungen des Körpers unkenntlich zu machen."
Vor allem schlanke Weißfische, aber auch Forellen, stehen auf dem Speiseplan der Graureiher. Meist um die zwanzig, selten bis zu dreißig Zentimeter lang sind die Fische, die er, wie beim Eisvogel beschrieben, Kopf voraus, in einem Stück verschlingt. Neben Fischen erbeuten die Vögel aber auch Frösche, große Insekten und Kleinsäuger. Besonders im Winterhalbjahr, wenn die Gewässer zugefroren sind, sieht man die Reiher häufig auf Wiesen stehen. Hier erbeuten sie Mäuse, Spitzmäuse und Maulwürfe. Die Jagdtechnik ist im Wasser und an Land sehr ähnlich. Fischreiher heißt er im Volksmund, und sein Ruf als „Fischereischädling" haftet ihm nach wie vor an. Obwohl intensive Forschungen und Analysen des Nahrungsspektrums längst bewiesen haben, daß diese Anschuldigungen stark übertrieben sind, bleibt der elegante Schreitvogel neben dem Kormoran das Feindbild Nummer eins vieler Angler und Fischzüchter. Dabei lassen sich die Schäden, die die Reiher in den überbevölkerten Teichen der gewerblichen Fischzuchten anrichten, durch die Anlage steiler Uferböschungen, das Überspannen der Teiche mit Drähten oder auch Schreckschüsse minimieren. Bleibt zu hoffen, daß sich diese Erkenntnis durchsetzt und die immer wieder erhobenen Forderungen, Abschüsse zu genehmigen, irgendwann verstummen.

Eine imposante Erscheinung ist der Graureiher. Früher wurde er als vermeintlicher Fischräuber gnadenlos verfolgt.

DIE WÄLDER –
LEBENSRAUM UND ROHSTOFFQUELLE

Wald ist mehr als eine einigermaßen große Ansammlung von Bäumen. Wald ist ein buchstäblich vielschichtiger Lebensraum für Tiere und Pflanzen, ein beliebter und notwendiger Erholungs- und Erfahrungsraum für Menschen. Darüber hinaus hat er eine unersetzliche Funktion im Wasserhaushalt der Natur, beeinflußt damit entscheidend das Klima, sowohl lokal als auch global, und erzeugt den nach wie vor bedeutenden, nachwachsenden Rohstoff Holz.
Auf mehr als 80 Prozent der Fläche des Pfälzerwaldes stehen Bäume. Zum Vergleich: Die durchschnittliche Waldbedeckung in Gesamtdeutschland beträgt nur 30 Prozent. Der Anblick des endlos scheinenden Waldmeeres, den man von einem der zahlreichen Aussichtspunkte genießen kann, ist atemberaubend

Gezielter Holzeinschlag ist ein wichtiger Bestandteil der Waldpflege und natürlich auch von großer wirtschaftlicher Bedeutung.

Der Tatkraft einiger Jäger und Forstleute ist es zu verdanken, daß der Rothirsch im Pfälzerwald überleben konnte.

Im Herbst wird es besonders deutlich: bei Aufforstungen erhalten Laubhölzer einen zunehmenden Anteil.

und für unser dichtbesiedeltes und industrialisiertes Deutschland außergewöhnlich. Nur selten drängen sich Spuren menschlicher Besiedlung ins Blickfeld, ein kleines Dorf, umgeben von Wald, eine Burgruine auf dem benachbarten Berg, eine schmale Straße, gelegentlich eine Hochspannungstrasse. Blendet man diese vergleichsweise minimalen Störungen aus, so hat man ein Bild vor Augen, welches dem Zustand gegen Ende der Mittleren Steinzeit vor mehr als 5 000 Jahren sehr ähnlich sein mag. Freilich nur ähnlich, denn damals bedeckte ein von Buchen und Eichen dominierter Urwald das Land, heute bilden Nadelhölzer mehr als zwei Drittel des Baumbestandes. Unter dem menschlichen Einfluß, der sich im Pfälzerwald erst seit dem Mittelalter massiv auswirkte, änderte sich im Laufe der Zeit, je nach Art und Intensität der Nutzung, sowohl der Anteil als auch die Zusammensetzung des Waldes. Besonders mit der Intensivierung des Ackerbaus im 16. und 17. Jahrhundert und angesichts der ohnehin kargen Böden im Pfälzerwald, setzte eine großflächige Nutzung der Laubstreu aus den Wäldern ein. Diese wurde sowohl als Einstreu in den Ställen als auch zur Düngung der Felder eingesetzt.

Das goldgelbe Laub der Buche setzt einen warmen Farbakzent im nebligen Kiefernwald.

Der Wald heute – Spiegel einer turbulenten Geschichte

Laubstreuentnahme und der Waldweidebetrieb führten besonders entlang der Weinstraße und im Umfeld der Dörfer in relativ kurzer Zeit zu einer katastrophalen Verarmung und damit Schädigung der Waldökosysteme, die sich bis heute auswirken. Auf den völlig ausgelaugten Böden setzte sich nach und nach die anspruchslose Kiefer durch. Mancherorts aber war der Boden schließlich so stark ausgelaugt, daß dort selbst heute Kiefern nurmehr zu kümmerlichen Krüppelformen heranwachsen.

Zahlreiche Kriege sorgten immer wieder für großflächige Zerstörungen des Waldes. Wenn Wiederaufforstungen erfolgten, wie z.B. auch nach dem Zweiten Weltkrieg, dann setzte man dabei meist auf schnellwüchsige Arten. So kam auch die hier nicht heimische Fichte und in jüngerer Zeit die aus Nordamerika stammende Douglasie, wie die Fichte ein schnellwüchsiges Nadelholz, in den Pfälzerwald. Der heutige Wald ist also das Ergebnis mehrerer Jahrhunderte menschlicher Nutzung, Zerstörung und Wiederaufforstung. Seit Beginn einer planmäßigen Forstwirtschaft, ab Mitte des letzten Jahr-

hunderts, spielen langfristige ökonomische Überlegungen eine wichtige Rolle bei der Gestaltung des Waldbildes.
Trotz all dieser höchst unterschiedlichen Einflüsse weisen vor allem die Waldbestände auf den, was Boden, Niederschläge und Exposition anbelangt, einigermaßen günstigen Standorten eine durchaus naturnahe Baumartenzusammensetzung auf. Hier finden wir einen von Buchen geprägten Laubwald mit einem guten Bestand an Eichen, einzelnen Ebereschen und, an sonnigen Stellen, auch einigen Birken. Wo die Böden feucht und nährstoffreich sind, wachsen meist fast reine Buchenwälder. Auf den nur mäßig feuchten und mäßig nährstoffreichen Hochebenen und an Osthängen liegen die Schwerpunkte des wirtschaftlich bedeutenden Anbaus hochwertiger Traubeneichen, von denen später noch die Rede sein wird. Auf kühlen, schattigen Standorten finden wir häufig Fichtenforste, das krasse Gegenteil eines naturnahen Waldes. Wo es trocken und sonnig ist, vor allem am Ostrand des Gebirges, dominieren die anspruchslosen Kiefernwälder. Ein Gürtel von Edelkastanienwäldern grenzt den Pfälzerwald zur Weinstraße hin ab.

Naturnahe Waldentwicklung setzt sich durch

Von großer Bedeutung für die langfristige Waldentwicklung ist, daß hier der überwiegende Teil des Waldes in öffentlichem Besitz ist. So lassen sich, anders als in oft kleinflächig zerstückelten Privatwaldparzellen, moderne Methoden naturnaher Waldwirtschaft einfacher und konsequenter umsetzen. Deren Ziel ist es, artenreiche Mischbestände aufzubauen. Die Pflege orientiert sich stark an natürlichen Wachstums- und Lebenskreisläufen im Wald. Holznutzung

Nur wenige, meist schmale Bäche durchziehen den mittleren Pfälzerwald, wie hier bei Johanniskreuz.

Eine Symphonie der Grüntöne – nur auf den ersten Blick ist der grüne Pflanzenteppich am Waldboden wirklich gleichförmig.

Das Gegenblättrige Milzkraut blüht im Frühjahr in feuchten Schluchten entlang der Bäche.

Unweit des Brauntalweihers, südwestlich von Dahn, findet sich dieser verwunschen wirkende, kleine Urwald.

erfolgt unter größtmöglicher Schonung der verbleibenden Bäume und des Bodens. Das führt langfristig zu stabileren, widerstandsfähigeren Wäldern und markiert eine Abkehr der lange Zeit bevorzugten Monokulturen, vor allem schnellwüchsiger, oft nicht standortgerechter Nadelhölzer.
Forstwirtschaftliche Planung erfolgt allerdings in – aus menschlicher Sicht – großen Zeiträumen. Das ergibt sich allein schon aus der hohen Lebensdauer der Bäume. So werden auch die in den letzten zehn bis zwanzig Jahren eingeleiteten Entwicklungen erst in einigen weiteren Jahrzehnten deutlich. Zur Zeit machen Nadelhölzer rund 68 Prozent des Gesamtbestandes aus (Kiefer 44 %, Fichte 10 %, Douglasie 8 %, Lärche 5 %, Weißtanne 1 %). Laubhölzer sind mit 32 Prozent vertreten (Buche 21 %, Traubeneiche 10 %, Edelkastanie 1 %,). Andere Arten, wie z. B. Linde, Kirsche, Weiden, Erlen, sind zahlenmäßig und wirtschaftlich unbedeutend, spielen aber in den Ökosystemen insgesamt eine wichtige Rolle, zum Beispiel als Futter- oder Nistbäume zahlreicher Vögel und Insekten.
Betrachtet man die Artenzusammensetzung der jungen, bis zu zwanzig Jahre alten Bäume, so ist zu erkennen, daß der Anteil der Laubhölzer, insbesondere auf Kosten der Kiefer, stark zunimmt. Der Pfälzerwald, den unsere Kinder und Enkel erleben werden, hat also sicher ein anderes, noch abwechslungsreicheres Gesicht. Das kann man auch aus den Bestockungszielen, der Planung für die künftige Zusammensetzung der Bestände, ablesen. Danach wird langfristig ein Laubbaumanteil von über 40 Prozent angestrebt. Monokulturen sind überhaupt nicht mehr vorgesehen (Angaben: Forstdirektion der Bezirksregierung Rheinhessen-Pfalz, Stand 1997).

Ein kleiner Wasserfall reiht sich an den nächsten im Hexenloch, einer wildromantischen Schlucht, südwestlich von Pirmasens.

Ausgedehnte, auch im Winter sattgrüne Polster bildet das Widertonmoos der Laubwälder.

Ein Moos der Gattung Polytrichum. Die Moosflora des Pfälzerwaldes umfaßt mehrere hundert Arten. Viele haben nicht einmal einen deutschen Namen.

Das teuerste Holz der Welt: Pfälzer Werteichen

Aufgrund ihres hochwertigen Holzes wurden die Traubeneichenbestände im Bereich der Dörfer und entlang der Triftbäche schon zu einem frühen Zeitpunkt der Besiedlung des Pfälzerwaldes arg dezimiert. Hinzu kam, daß durch den mit der Waldweide einhergehenden Verbiß das Nachwachsen junger Eichen weitgehend unmöglich gemacht wurde. Nur in entlegeneren Gebieten, so im Bereich um Johanniskreuz im zentralen Pfälzerwald und im Südwesten zwischen Fischbach und Eppenbrunn konnten sich, einigermaßen unbeeinträchtigt durch den Menschen, alte Bestände der Traubeneiche *(Quercus sessiliflora)* halten. Diese bilden heute die Kernzonen der sogenannten Werteichenproduktion. Der Pfälzerwald ist einer der bedeutendsten Produktionsorte hochwertiger Furniereichen. Die Anforderungen an entsprechende Standorte sind sehr spezifisch: Der Boden sollte relativ nährstoffarm, nicht zu feucht, aber gut durchlüftet sein. Diese Voraussetzungen werden hier in idealer Weise erfüllt und sorgen für die Ausprägung der von Furnierholz geforderten Eigenschaften. Dazu zählt in erster Linie ein möglichst feiner, gleichmäßiger Jahresringaufbau, der nur zustande kommt, wenn das Wachstum nicht zu schnell erfolgt, was bei hohem Nährstoff- und Feuchtigkeitsgehalt des Bodens der Fall wäre. Das deutlich unter einem Millimeter starke Furnier wird meist mit vier bis fünf Meter langen Messern von einem sich um die Längsachse drehenden Stamm abgeschält. Daher werden gerade, walzenförmige Stämme ohne Äste, Rillen, Beulen oder sonstige Unebenheiten bevorzugt. Um diese zu bekommen, ist es allerdings nicht damit getan, auf geeignetem Boden Eichensamen auszustreuen und nach rund 300 Jahren den reifen Baum zu fällen.

Gute Erziehung ist bei Eichen der Schlüssel zu höchster Qualität. Erziehung bedeutet in diesem Fall vor allem, daß die Eichenschäfte möglichst vor Lichteinfall geschützt werden müssen, während die Kronen Raum zur Entfaltung erhalten, um die für ein gleichmäßiges Wachstum erforderliche Blattfläche ausbilden zu können. Fällt

Die stattliche Waldohreule zählt hierzulande zu den häufigsten Eulenarten.

Wälder mit alten Baumbeständen bevorzugt der Habicht. Hier jagt er vor allem andere Vögel, die er im Flug überwältigt.

zuviel Licht auf die Stammbereiche, so werden die sogenannten schlafenden Knospen im Stamm „geweckt". Diese reagieren auf Lichteinfall mit der Bildung von Seitenästen, und die wiederum entwerten den kostbaren Furnierstamm beträchtlich. Man pflanzt daher zwischen die Eichenbestände andere Laubbaumarten, die vor allem dazu dienen, die Eichenstämme zu beschatten. Lange Zeit nutzte man dazu vor allem die Rotbuche, mittlerweile kommt aber immer häufiger auch die Winterlinde zum Einsatz. Die Rotbuche hat den Nachteil, daß sie, anders als die Eiche, „schon" nach 120 bis 150 Jahren reif für den Einschlag ist. Um einen Eichenbestand aber permanent zu schützen, müßte man dann zu einem bestimmten Zeitpunkt die erste Buchengeneration ablösen und die Schutzfunktion nahtlos auf eine zweite Generation übertragen. Das ist eine waldbaulich überaus schwierig zu lösende Aufgabe und gelingt nur selten befriedigend. Alternativ wird daher, wo es möglich ist, die Winterlinde genutzt, die eine ähnliche Umtriebsdauer (Zeit zwischen Aussaat und Hieb) hat wie die Eiche, nämlich 240 bis 300 Jahre.

Gelegentlich kann man die Waldohreule tagsüber an ihrem Ruheplatz entdecken.

Besonders im Frühjahr lassen sich die männlichen Rotkehlchen gut beobachten. Weithin sichtbar posieren sie auf ihren Singwarten und markieren trillernd ihr Revier.

In der zerfurchten Borke der Kiefer findet der Kleiber reichlich Nahrung. Vor allem Insekten und deren Larven erbeutet er hier mit seinem spitzen, pinzettenförmigen Schnabel.

Im Frühsommer blühen die Eßkastanien und überziehen den Wald mit ihrem süßlichen, leicht ranzigen Geruch.

Nicht nur Menschen schätzen die reifen Eßkastanien. Auch Wildschweine freuen sich über die fettreichen Samen.

Abwechslungsreicher Mischwald mit Eichen, Kiefern und Buchen als vorherrschende Baumarten kommen der natürlichen Vegetation des südwestlichen Pfälzerwaldes recht nahe.

Erbteil mit unbestimmtem Wert

Gute Furniereichen sind das Ergebnis intensiver Pflege über zahlreiche Menschengenerationen hinweg. Die Erlöse der Arbeit fließen in den ersten 150 Lebensjahren eines Eichenwaldes nur spärlich, ab einer bestimmten Dimension und Qualität des Holzes aber dafür um so reichlicher. Furniereichenwirtschaft wird daher vor allem in großen Staatsforsten oder Gemeindewäldern betrieben, denn das eingesetzte Kapital wächst buchstäblich sehr langsam, und eine Gewinngarantie gibt es auch nicht. Katastrophen oder die in den letzten Jahren zunehmende Erkrankung der Eichen (gut ein Fünftel der über 120 Jahre alten Eichen im Pfälzerwald zeigt heute Krankheitserscheinungen) machen unter Umständen die Arbeit und den Einsatz vieler Generationen rasch zunichte.

Eichen, die zur Zeit geerntet werden, hat man um das Jahr 1700 ausgesät. Diese Bäume erzielen, beste Qualität vorausgesetzt, Erlöse von mitunter mehr als 10 000 Mark pro Festmeter. Ein einziger großer Stamm ist damit manchmal 30 000 bis 40 000 Mark wert – ein Erbe früherer Generationen, das gleichzeitig auch Verpflichtung ist, verantwortungsbewußt mit dem Wald umzugehen, ihn langfristig und nachhaltig zu pflegen.

Eßkastanien – Exoten haben sich eingelebt

Während die Eiche nach der Eiszeit allein den Weg in die Pfalz gefunden hat, waren es sehr wahrscheinlich die Römer, die neben dem Wein einen Baum mitbrachten, der heute vor allem aus dem östlichen Pfälzerwald kaum wegzudenken wäre. Die Rede ist natürlich von der Kastanie, genauer der Eßkastanie *(Castanea sativa)*. Nicht nur optisch, sondern auch kulinarisch hat sich dieser Baum längst nahtlos in die Region eingefügt. Im Herbst wissen nicht nur die Menschen die „Käschde", wie man die Kastaniensamen hier nennt, zu schätzen. Besonders für Wildschweine bildet der nahrhafte Inhalt der

abschreckend stachligen Früchte die Grundlage für den Winterspeck.
Ursprünglich heimisch ist der bis zu 30 Meter hohe Baum in Kleinasien und dem Kaukasus. Vor allem die Römer lernten die vielseitigen Eigenschaften der Kastanie schnell zu schätzen, und sie sind mit hoher Wahrscheinlichkeit für deren Ausbreitung im südlichen und, wo die klimatischen Voraussetzungen gegeben sind, auch im mittleren Europa verantwortlich. Eßkastanien stellen relativ geringe Ansprüche an den Nährstoffgehalt des Bodens. Sie überstehen dank tiefreichender Wurzeln Sommertrockenheit sehr gut und wachsen auch auf den durch jahrhundertelange Waldweide und Streunutzung ausgelaugten Böden am Ostrand des Pfälzerwaldes noch recht ordentlich. Ihre Laubstreu wirkt gerade hier bodenverbessernd.

Vielseitiger Begleiter des Weinbaus

Nicht von ungefähr war die verhältnismäßig schnellwüchsige Eßkastanie über Jahrhunderte eine traditionelle Begleitpflanze des Weinbaus. Ihr hartes, festes Holz eignete sich sowohl für die Herstellung von Weinbergpfählen als auch von Weinfässern. Die wohlschmeckenden Samen wurden, soweit nicht direkt verzehrt, teilweise zur Schweinemast eingesetzt. Die Laubstreu war, vor Erfindung mineralischer Kunstdünger, unersetzlich zur Düngung der anspruchsvollen Weinreben. Gerade diese Streunutzung, die die heimischen Eichen- und Buchenwälder aufgrund der ständigen Nährstoffentnahme stark auszehrte, verkrafteten die Kastanienwälder erstaunlich gut. So war es lange Zeit eine betriebswirtschaftliche Notwendigkeit für Weinbaubetriebe, neben den Weinbergen einen Kastanienwald zu besitzen.

Ein Baum auf Wanderschaft

Heute kann man im Weinbau auf die lange Zeit nützliche Kastanie verzichten, in nunmehr 2000 Jahren aber hat sie sich hier fest etabliert und sich sozusagen ihr Heimatrecht erkämpft. Ursprünglich unmittelbar an die Weinbaugebiete gebunden, nutzte sie bald die Täler, die sich vom östlichen Pfälzerwald ins Rheintal öffnen als „Wanderroute" ins Innere des Mittelgebirges. Zwar ist sie relativ empfindlich gegenüber Früh- und Spätfrösten, gleicht Frostschäden aber durch frische Ausschläge rasch aus. Zur Reifung der Früchte benötigt sie ungefähr 160 warme Tage, was einem Jahresmittel von ca. 8,5 °C entspricht. Das wird in normalen Jahren bis in Höhen von rund 400 Metern erreicht. Der größte Teil des Pfälzerwaldes steht ihr damit also offen. In günstigen Jahren dürfte es selbst in Höhen über 600 Meter noch zur Fruchtreife kommen. In einem zehn bis zwanzig Kilometer breiten Streifen im östlichen Pfälzerwald, mit einem gewissen Schwerpunkt im Wasgau, ist sie seit Jahrhunderten fester Bestandteil der Wälder. Die Ausbreitung übernehmen übrigens neben Nagetieren vor allem Rabenvögel, wie Eichelhäher und Elstern.

Die Bäume blühen im Juni und Juli, und wer dann durch die von Kastanien dominierten Wälder am Übergang zur Weinstraße wandert, nimmt neben dem Summen unzähliger Insekten auch den leicht ranzigen Duft der Kastanienblüten wahr, der schwer über der Landschaft liegt. Anders als die nahe verwandten Buchen, werden Eßkastanien von Insekten bestäubt. Die Blüten zeigen dabei typische Merkmale einer Insektenblume: sie sind deutlich sichtbar, produzieren reichlich Nektar, die männlichen Blüten erzeugen einen (zumindest auf Insekten) lockend wirkenden Duft und einen leicht klebrigen Pollen, der gut an den Insekten haftet. Daneben lassen sich aber auch Eigenschaften eines typischen Windblühers finden, einer Pflanze also, die bei der Verbreitung des Pollens auf den Wind setzt. Dazu gehören die extrem hohe Zahl männlicher Blüten und die fehlenden Schau- und Dufteinrichtungen der weiblichen Blüte. Der etwas streng schmeckende Honig der Kastanien gilt als besonders hochwertig, und so findet man zur Blütezeit zahlreiche Bienenkästen im Wald verteilt.

Mistkäfer sorgen für eine rasche Zersetzung von Tierkot. Er dient ihren Larven als Nahrung.

Die Pfälzer Kastanienwälder entwickelten sich allerdings, trotz ihrer mittlerweile immerhin 2000jährigen Geschichte, noch nicht zu eigenständigen Pflanzenformationen mit einer unverwechselbaren Begleitflora und -fauna. Vielmehr finden wir hier Pflanzen und Tiere in einer Zusammensetzung, die weitgehend der eines für die Region typischen Buchenwaldes entspricht – mit dem einzigen Unterschied, daß nicht die Buche, sondern die Kastanie die dominierende Laubbaumart ist.

Eine vielschichtige Gemeinschaft

Auch wenn der Wald in weiten Bereichen dem menschlichen Einfluß weichen mußte, so sind doch die meisten Tiere und Pflanzen, die bei uns vorkommen, eigentlich im Wald heimisch. Allein in europäischen Buchenwäldern konnte man nahezu 7000 Tierarten nachweisen. Wald ist freilich kein einheitlicher Lebensraum. Je nach Untergrund, Klima und Relief finden jeweils andere Baumarten optimale Lebensbedingungen und schaffen es, sich gegenüber ihren Konkurrenten durchzusetzen. So gibt es zum Beispiel Buchen-, Eichen-, Birken-, Kiefern- oder Tannenwälder, in denen jeweils die genannten Baumarten dominieren. Unter natürlichen Bedingungen allerdings sind immer weitere Baumarten in geringerer Dichte beigemischt. Mischwald ist also die natürliche Waldform, Monokulturen kommen ohne gezielte Einwirkungen des Menschen allenfalls unter einigen Extrembedingungen wie Nährstoffarmut oder Wassermangel vor. Mittlerweile beginnt sich die Methode der naturnahen Waldbewirtschaftung durchzusetzen. Die Wälder der Zukunft werden also immer seltener triste Baumplantagen sein. Man wird vielmehr versuchen, eine dem jeweiligen Standort

gemäße Mischung der Baumarten zu erreichen. Wald wird zwar auf den ersten Blick von Bäumen bestimmt, tatsächlich handelt es sich aber bei einem intakten Wald um ein vielschichtiges, sehr komplexes System von Wechselbeziehungen zwischen den unterschiedlichsten Organismen. Die Bäume bestimmen allein aufgrund ihrer Größe und Langlebigkeit das Binnenklima des Waldes. Ihre großen Körper schaffen Lebensraumstrukturen und bilden die Nahrungsgrundlage anderer Waldbewohner. Eine oder zwei Etagen tiefer erfüllen in kleinerem Maßstab die übrigen Pflanzen wie Kräuter, Farne und Moose ähnliche Funktionen. Tiere machen im Wald zwar, bezogen auf die gesamte Biomasse, nur einen nahezu verschwindend geringen Teil aus, sie haben dennoch sehr wichtige Funktionen im Ökosystem. Durch die Bestäubung der Blüten, die Verbreitung der Samen oder durch selektiven Fraß bestimmter Kräuter nehmen sie entscheidenden Einfluß auf die Zusammensetzung der Pflanzengesellschaften.
Im folgenden soll anhand einiger sehr unterschiedlicher Organismen, die im Pfälzerwald zu Hause sind, ein Eindruck von den vielfältigen Wechselwirkungen in diesem für Mitteleuropa so typischen Lebensraum gegeben werden. Beginnen wir unsere Betrachtungen ganz unten, am Boden, und arbeiten uns langsam, in unregelmäßigen Schritten, bis in die oberen Stockwerke des Ökosystems vor.

Die unscheinbare Müllabfuhr – Pilze

Aufgrund des herbstlichen Laubwurfs und der sich anschließenden winterlichen Ruhephase fällt in mitteleuropäischen Wäldern immer ein ziemlich großer Überschuß an toter, pflanzlicher Materie an. Wären da nicht Organismen, die sich nach Kräften um die Beseitigung dieser Massen von Biomüll kümmerten, der Wald würde in kurzer Zeit in toten Blättern, Ästen und Bäumen versinken. Es wundert daher nicht weiter, daß ein Großteil der Arten in einem Wald Besiedler von Totholz oder anderer abgestorbener Biomasse sind. Eine besondere Rolle spielen da die Pilze. Sie sind es vor allem, die Pflanzen- und Tierleichen zersetzen und so wieder in den Nährstoffkreislauf zurückbringen.
Den größten Teil des Jahres halten sich Pilze dezent im Hintergrund. Dem oberflächlichen Betrachter verborgen, verrichten sie unauffällig ihre Zersetzungsarbeit. Wer meint, daß Pilze nur im Herbst wachsen, der täuscht sich daher gewaltig. Der Herbst ist lediglich die Jahreszeit, wo

Bevorzugt auf den Strünken von Laubbäumen findet man das stets in größeren Gruppen wachsende Stockschwämmchen.

sich ein kleines Stück Pilz an die Oberfläche schiebt, rasch für die Fortpflanzung sorgt und dann wieder verschwindet – manchmal, Eßbarkeit vorausgesetzt, auf dem Umweg über eine Bratpfanne im Magen eines kundigen Waldspaziergängers. Neben Pfifferling, Stein- und Fliegenpilz kommen in Deutschland noch weitere 4 000 Großpilzarten vor, die meisten davon in den Wäldern. Neben den zumindest gelegentlich deutlich sichtbaren großen Pilzen gibt es noch viele Tausend weitere Arten, die, teilweise mikroskopisch klein, unserer Aufmerksamkeit entgehen. Was uns als Pilz begegnet, ist lediglich deren Fruchtkörper. Der meist größere Teil besteht aus einem dünnen, fädigen Geflecht, welches den Waldboden, totes Holz und Fallaub durchzieht.

Ohne Pilze könnten viele Bäume nicht wachsen

Zahlreiche Waldbäume sind sogar direkt von Pilzen abhängig. Ihre feinen Wurzeln sind von Pilzfäden umgeben, teilweise wachsen diese sogar in das Wurzelgewebe ein. Die Pilze stellen die Versorgung der Bäume mit mineralischen Nährstoffen sicher, die Pflanzen liefern den Pilzen im Gegenzug nahrhafte Zuckerverbindungen. Als Mykorrhiza, zu deutsch Pilzwurzel, bezeichnet man diese Symbiose, eine Lebensgemeinschaft, aus der beide Partner einen Vorteil ziehen. Auf mineralarmen Böden, wie wir sie im Pfälzerwald in der Regel vorfinden, ermöglicht erst diese Partnerschaft zwischen Pilz und Pflanze die Entstehung üppiger Wälder. Buche, Eiche, Kiefer und Fichte, die Bäume also, welche fast 90 Prozent des Baumbestandes im Pfälzerwald ausmachen, zählen zu den besonders mykotrophen, das heißt pilzabhängigen Arten. Die Abhängigkeit zwischen den Partnern ist teilweise so eng, daß der eine ohne den andern nicht überleben kann. Wertvolle Speisepilze wie der Pfifferling oder der Steinpilz lassen sich aus diesem Grunde nicht kultivieren. Sie sind ohne ihren Symbiosepartner nicht lebensfähig.

Pilze sind überall

Wenn wir einmal ein kleines Stück Borke eines toten Baumes ablösen, finden wir darunter, besonders wenn es einigermaßen feucht ist, mit großer Sicherheit Pilzmycel, ein zartes, weißes Geflecht aus Pilzfäden. Diese Pilzfäden oder Hyphen sind in der Lage, in tote Pflanzenteile einzuwachsen. Pilze verfügen über bestimmte Eiweißstoffe, sogenannte Enzyme, die es ihnen ermöglichen, pflanzliche Stoffe aufzulösen, die für die meisten tierischen Mägen unverdaulich sind. Nur Pilze und verschiedene Bakterien sind zum Beispiel in der Lage, Zellulose, den Hauptbestandteil pflanzlicher Zellwände, zu zersetzen und so als Nahrungsquelle zu nutzen. Auch Pilzen und wiederum einigen spezialisierten Bakterien ist vorbehalten, Holz und dessen neben der Zellulose wichtigste Komponente, das Lignin, zu zerlegen. Baumstümpfe und Äste unterschiedlicher Verfallstufen lohnen daher immer eine genauere Untersuchung. Die Formen- und Farbenvielfalt, die man da entdecken kann, ist erstaunlich, und die Suche hat übers ganze Jahr Aussicht auf Erfolg, sogar im Winter.

Bunte Pracht am Waldboden

Wo er vorkommt, ist zum Beispiel der Goldgelbe Zitterling *(Tremella mesenterica)* kaum zu übersehen. Leuchtend gelb ist sein durchscheinend gallertiger Fruchtkörper. Wir finden ihn in den zahlreichen feuchten Waldtälchen des Pfälzerwaldes ab November den ganzen Winter hindurch. Ebenfalls leuchtend gelb bis orange ist der Klebrige Hörnling *(Calocera viscosa)*, der uns zwischen Juni und November häufig auf älteren Nadelholzstubben begegnet. Sein Fruchtkörper ähnelt einem Geweih. Von den äußerlich ähnlichen Korallenpilzen unterscheidet er sich vor allem durch seine gallertige, nicht brechbare Beschaffenheit.

Weniger bunt, aber dennoch leicht zu erkennen, sind auch die Boviste. Während uns im Waldesinnern, sowohl in Laub- als auch in Nadelwäldern, meist der Dickschalige Kartoffelbovist *(Scleroderma citrinum)* begegnet, bevorzugt der auf den ersten Blick ähnliche Dünnschalige Kartoffelbovist *(Scleroderma verrucosum)* offene, trockene Stellen in Laubwäldern. Beiden gemeinsam ist die Art, wie sie ihren Nachwuchs, die Pilzsporen, verteilen. Durch eine Öffnung auf der Oberseite des Fruchtkörpers blasen sie Milliarden winzig kleiner Sporen in die Umgebung. Ausgelöst wird der Sporenausstoß durch ein Tier, welches unachtsam auf den reifen Pilz tritt, aber auch schon ein Regentropfen, der in die Öffnung fällt, reicht aus, um viele tausend der kleinen Körnchen in die Luft zu wirbeln.

Ein Männlein steht im Walde

Auch dem im Kinderlied besungenen, wohl bekanntesten aller Pilze, dem Fliegenpilz *(Amanita muscaria)*, begegnen wir im Pfälzerwald nicht selten. Er treibt ab August seinen leuchtend roten Schirm aus der Erde. In Laub- und Nadelwäldern, am Fuße von Birken, Kiefern oder Fichten trifft man ihn an – auch er gehört zu den oben erwähnten Mykorrhiza-Pilzen. Seit Menschengedenken zählt der Fliegenpilz oder Narrenschwamm aber auch zum Handwerkszeug von Wunderheilern und Medizinmännern. Obwohl wir mittlerweile einiges über die Zusammensetzung der Pilzgifte wissen, läßt sich die merkwürdige Wirkung des Fliegenpilzes auf den Menschen immer noch nicht zufriedenstellend erklären. *„Die Menschen werden lustig, später ausgelassen lustig, zeigen auch, indem sie zum Theil schwindeln und taumeln, doch ungewöhnliche körperliche Kräfte. Nur ausnahmsweise tritt eine traurige Gemütsstimmung ein sowie auch andere Symptome, welche auf den Genuß geistiger Getränke zu folgen pflegen, in einzelnen Fällen nicht ausbleiben, z. B. starke Kongestionen gegen den Kopf, Erbrechen (...), manche Individuen wüten gegen sich selbst. Aus dem Schlaf, in den die Berauschten fallen, erwachen sie mit großer Mattigkeit, eingenommenem Kopf, aufgedunsenem Gesicht (...). Der häufige Gebrauch des Fliegenschwamms macht die Leute, wenigstens im Alter,*

Der Kaiserling ist mit dem Fliegenpilz eng verwandt, im Gegensatz zu diesem aber ein geschätzter, wenngleich sehr seltener Speisepilz.

An feuchten Herbsttagen brechen die unverwechselbaren Fliegenpilze aus dem lockeren Boden der Nadelwälder hervor.

Im schützenden, feuchten Moospolster schieben im Herbst zahlreiche Pilze ihre Fruchtkörper aus der Erde.

Der Fichtenporling besiedelt sowohl lebende als auch abgestorbene Stämme von Laub- und Nadelbäumen. Bei massenhaftem Auftreten kann er erheblichen Schaden anrichten.

stumpfsinnig und dumm. Bei heftigen Berauschungen erfolgt zuweilen der Tod unter Zuckungen", schrieben 1845 die beiden Toxikologen Berge und Riecke in einem Buch über Giftwirkungen. Vor allem die letzten beiden Sätze schrecken hoffentlich jeden von Selbstversuchen ab.

Pilze auf dem Tisch der Kaiser

Deutlich bekömmlicher ist da schon ein naher Verwandter des Fliegenpilzes, der Kaiserling *(Amanita caesarea)*. Schon der römische Naturforscher Plinius der Ältere widmete den Pilzen in seiner Naturgeschichte einigen Raum und bezeichnet neben dem Steinpilz den Kaiserling als ganz besonderen Leckerbissen. Man nimmt an, daß dieser Pilz, der dem Fliegenpilz sehr ähnelt, mit den Römern seinen Weg an den Oberrhein und schließlich in die Pfalz gefunden hat. Er zählt zu den großen Seltenheiten der Pilzflora und sollte daher auf jeden Fall geschont werden. Um so mehr, als die Unterscheidung von seinem schlecht bekömmlichen Verwandten nicht immer einfach ist.

Es gäbe noch viel zu erzählen über Porlinge, Wärzlinge, über den Fleischstacheling oder den Wirrling – allein die Namen lassen schmunzeln und wecken Neugierde. Wir wollen aber an dieser Stelle unseren kleinen Exkurs ins Reich der Pilze abschließen und uns Tieren des Waldbodens zuwenden, die, obwohl sehr klein, ebenfalls eine wichtige Rolle im Ökosystem Wald spielen: gemeint sind die Ameisen.

Gemeinsam stark – Ameisen

Waldameisen werden gern und häufig als Gesundheitspolizei des Waldes bezeichnet. Tatsächlich zählen Ameisen zu den bedeutendsten Vertilgern anderer Insekten im Wald. Für eine mittelgroße Kolonie der Kleinen Roten Waldameise *(Formica polyctena)* wurde beispielsweise ermittelt, daß sie auf einer Fläche von 2500 Quadratmetern pro Jahr rund sechs Millionen Beutetiere eingetragen hat.

Eindrucksvoll sind auch Beobachtungen, die bei Massenbefall eines Waldes durch den Eichenwickler *(Totrix viridana)* gemacht wurden. Der kleine Nachtfalter zählt bei massenhaftem Auftreten zu den gefürchtetsten Forstschädlingen und kann Wälder komplett kahlfressen. Einzig im Einzugsbereich großer Waldameisen-Nester blieben, wie grüne Inseln in einer Kahlfraß-Wüste, belaubte Bäume stehen.

Sonnige Lagen bevorzugt

Ameisen haben sicher ihren Ursprung in tropisch-warmen Regionen. Nicht von ungefähr kommt der größte Teil der vermutlich weltweit über 15 000 Arten in den tropischen Regenwäldern vor. Die Ameisenfauna Mitteleuropas ist mit 160 Arten relativ arm, dennoch haben Ameisen, nicht nur in Wäldern, eine enorme Bedeutung für die jeweiligen Ökosysteme. Lichte Laub- und Nadelwälder auf nicht zu feuchten Böden, die sich schnell aufheizen, sind bei Ameisen besonders beliebt. Weisen dann die Bäume noch eine grob strukturierte Borke auf, wie Eichen oder Kiefern, und liegen am Boden Totholz, Borkenstücke, Eicheln und Steine, so kann man auf engstem Raum die Nester von bis zu 23 unterschiedlichen Ameisenarten vorfinden. Altholzbestände mit Eichen als Hauptbaumart stellen über viele Jahrzehnte, manchmal sogar Jahrhunderte, einen weitgehend unveränderten Lebensraum dar. Empfindliche Arten mit geringem Ausbreitungspotential, die einen stabilen Lebensraum beanspruchen, können sich hier gut entfalten. Besonders ungünstig für Ameisen sind alte Buchenwälder mit ihrem komplett geschlossenen Blätterdach und entsprechend geringem Lichteinfall. Ständiger Schatten und die dicke, oft feuchte und stark isolierende Laubschicht verhindern eine Erwärmung des Bodens. Blütenpflanzen und mit ihnen andere Insekten treten nur im Frühling auf, die glatte Borke der Bäume bietet zudem überhaupt keine Nistmöglichkeit für baumbewohnende Arten.

Insgesamt konnten in den Waldgebieten des

Viele Ameisenarten, darunter auch die Waldameisen, halten sich Blattlauskolonien als Lieferanten des nahrhaften, zuckerreichen Honigtaus.

Waldameisen sind ein unverzichtbarer Bestandteil des Ökosystems. Der gewaltige Nahrungsbedarf der Kolonien hat die wirksame Dezimierung von Schädlingen zur Folge.

Pfälzerwaldes bislang mehr als 30 Ameisenarten nachgewiesen werden. Ameisen haben alle Etagen des Waldes und alle Waldtypen besiedelt.

Das Nest als Klimakammer

Die auffälligsten Ameisen unserer Wälder sind zweifellos die sich äußerlich stark ähnelnden Arten der Waldameisen aus der Gattung *Formica*. Wie alle Ameisen zählen auch sie zu den staatenbildenden Insekten. An der Spitze des Staates stehen eierlegende Königinnen. Bei *Formica polyctena* kann deren Anzahl zwischen einer einzigen und 5 000 schwanken. Auch viele andere Arten vertrauen die Vermehrung des Volkes oft mehr als einer Königin an. Eine große Anzahl von Königinnen ermöglicht auch ein entsprechend großes Heer von Arbeiterinnen. Mehr als fünf Millionen können das bei *Formica polyctena* sein. Die Nester weisen dann einen Durchmesser von bis zu dreißig Metern auf. Waldameisennester, an deren Spitze nur eine Königin steht, bringen es auf Bevölkerungszahlen von rund einhunderttausend Arbeiterinnen, auch das ist eine gewaltige Zahl.

Ihre tropische Herkunft zeigt sich bei vielen Ameisen noch an der relativ hohen Temperatur, bei der sie zur Höchstform auflaufen. Bei den Waldameisen liegt das Temperaturoptimum zwischen 26 und 28 °C. Um erfolgreich in kältere und schneereiche Regionen vordringen zu können, waren daher Anpassungen erforderlich. Nun wissen wir, daß Ameisen nicht über ein zotteliges Fell verfügen, das würde bei so winzigen Tierchen auch nur begrenzt helfen. Sie entwickelten vielmehr die Kunst des Nestbaus zur Perfektion, konstruieren sehr flexibel, je nach äußeren Bedingungen, Nester, in denen die optimale Temperatur eingestellt werden kann. Eine gleichmäßige äußere Hülle, meist aus Pflanzennadeln, wirkt aufgrund der dunklen Farbe als Sonnenkollektor. Regenwasser fließt auf der Oberfläche gut ab und dringt nicht in tiefere Schichten ein. Unter der Nadelschicht befindet sich locker angeordnetes Pflanzenmaterial, das einerseits gut durchlüftet wird, andererseits eine weitere Barriere gegen eindringende Feuchtigkeit und das Entstehen von Staunässe ist. Zur gezielten Regulierung der Innentemperatur können einzelne Nesteingänge geöffnet oder verschlossen werden. Die viele Zentimeter dicke Schicht aus Pflanzenteilen sorgt sommers wie winters für eine ausgezeichnete Isolation. Fallen im Winter die Temperaturen unter den Gefrierpunkt, so vermögen es die Arbeiterinnen, dank der Isolation und unterstützt durch ihre Körperwärme, konstante 26 – 28 °C im Kernbereich des Nestes zu erhalten.

Im Nest selbst herrscht zwischen Frühjahr und Herbst rege Betriebsamkeit. Die Eier, die die Königin pausenlos legt, werden von den Arbeiterinnen eifrig gepflegt und umsorgt. Um im feuchten Keller des Baus der Schimmelbildung auf den Eiern und Larven vorzubeugen, werden diese regelmäßig in andere, saubere Kammern geschleppt. Mit den Entwicklungsstadien der Brut ändert sich auch deren Wärmebedürfnis, und so sind die „Innendienst-Ameisen" dauernd damit beschäftigt, den Nachwuchs in die Stockwerke des Nestes zu tragen, wo das jeweils erforderliche Raumklima herrscht. Nach drei bis vier Wochen schlüpfen die jungen Arbeitsameisen.

Sicherheit hat ihren Preis

Wer Ameisen einmal über einige Zeit beobachtet, der wird sich wundern über die scheinbare Hektik, die oft verworrenen, uns unnötig erscheinenden Wege, die die einzelnen Individuen zurücklegen. Auch die schiere Größe der Kolonien erstaunt, denn schließlich leben in einer solchen Tausende, ja Millionen von Einzeltieren, die eigentlich nichts anderes zu tun haben, als einem oder einigen wenigen Tieren, den Königinnen, die Fortpflanzung zu ermöglichen. Das, so mag man denken, ginge auch mit weniger monumentalem Aufwand. Tatsächlich ist ein Ameisenstaat ein zwar sehr aufwendiges, dafür aber auch sehr sicheres System: eine feste, auf Dauer angelegte Burg. Auch der Verlust großer Teile seiner Bevölkerung führen nicht notwendigerweise zum Untergang des Staates.

Die Sicherheit wird mit einer, bezogen auf die Erzeugung von Nachkommen, sehr schlechten Energieausbeute bezahlt. Nur ein bis sechs Prozent der herbeigeschafften Nahrung fließen direkt in die Produktion von Nachkommen. Andere, einzeln lebende Insekten wie etwa Schlupfwespen erzielen einen Wirkungsgrad von 50 Prozent.

Wo verschwinden also bis zu 99 Prozent der Energie? Da ist zum einen das Problem riesiger Entfernungen, die die kleinen Tiere überbrücken müssen. Die Arbeiterinnen großer Nester durchstreifen bei der Nahrungssuche einen Radius von 150 Metern um das Nest. Die „Transportkosten" werden dadurch beträchtlich. Auch die permanent erforderlichen Instandsetzungsarbeiten an den Nestern erfordern Muskelkraft und damit Brennstoff. Um bei tiefen Außentemperaturen das Nest konstant warmzuhalten, erzeugen die Ameisen Wärme durch ihren Stoffwechsel, auch das geht nicht ohne Energiezufuhr. Schließlich nutzen Ameisen auch die erbeuteten Tiere nicht vollständig aus. Besonders das Herauslösen schwer zugänglicher Nahrungsbestandteile aus stark gepanzerten Insektenteilen scheint ihnen nicht möglich zu sein. Die Ineffizienz der Ameisen hat aber gerade den enormen Nahrungsbedarf zur Folge, der sie zu so effizienten Vertilgern von Forstschädlingen macht. Der Hunger einer Kolonie ist aufgrund der vielfältigen „Energieverschwendung" nahezu grenzenlos.

Ein kleines Ungeheuer?

Ameisen sind praktisch nur am Tage aktiv, nachts ziehen sie sich in ihr Nest zurück. So stehen sie auch nicht auf dem Speiseplan eines furchtbaren Ungeheuers, welches Plinius der Ältere im Jahre 77 in seiner *Historia naturalis* wie folgt beschreibt: *„Er ist so kalt, daß er wie Eis durch bloße Berührung das Feuer auslöscht. Der Schleim, wel-*

cher ihm wie Milch aus dem Maule läuft, frißt die Haare am ganzen menschlichen Körper weg (...). Unter allen giftigen Tieren sind die Salamander die boshaftesten. Andere verletzen nur einzelne Menschen und töten nicht mehrere zugleich – ganz abgesehen davon, daß die Gifttiere, welche Menschen verwundet haben, umkommen und von der Erde nicht wieder aufgenommen werden – der Salamander hingegen kann ganze Völker vernichten, falls diese sich nicht vorsehen. Wenn er auf einen Baum kriecht, vergiftet er alle Früchte, und wer davon genießt stirbt vor Frost; ja, wenn von einem Holze, welches er nur mit dem Fuße berührt hat, Brot gebacken wird, so ist auch dieses vergiftet, und fällt er in einen Brunnen, das Wasser nicht minder." Würde nur ein Teil davon zutreffen, der Waldspaziergang, insbesondere bei Regen oder gar nachts, würde zum lebensbedrohenden Abenteuer. Dann nämlich stehen die Chancen einigermaßen gut, einem Feuersalamander (*Salamandra salamandra terrestris*) zu begegnen. Dieser unverwechselbare, schwarzgelb gezeichnete, bis zu 20 Zentimeter lange Lurch ist im Pfälzerwald recht häufig.

Nicht selten, aber selten zu sehen

Da er aber überwiegend nachtaktiv ist, bekommt man ihn so gut wie nie zu sehen. Einzig, wenn nach langen Trockenperioden Regen fällt, wagt er sich auch bei Tage aus seinem Versteck, einer Felsspalte, einem verlassenen Nagerbau oder einer Höhle unter einer kräftigen Wurzel hervor. Will man Feuersalamander beobachten, so empfiehlt sich ein Nachtspaziergang bei feuchtem Wetter, etwa zwischen April und Oktober, und keine Angst, es besteht absolut keine Lebensgefahr! Allerdings stößt der Feuersalamander, wenn er sich bedroht fühlt, tatsächlich, vor allem über die großen Ohrdrüsen, ein milchiges Sekret aus. Es enthält ein giftiges Alkaloid (Samandarin), von dem schon 0,1 mg ausreichen, um eine Maus zu töten, vorausgesetzt, man injiziert es in deren Blutbahn. Für Menschen ist es nur gefährlich, wenn wir es, nach dem wir die Tiere angefaßt haben, mit Schleimhäuten, wie etwa den Augen, in Verbindung bringen. Da die Salamander aber streng geschützt und Störungen oder Beeinträchtigungen der Tiere daher verboten sind, sollten wir uns ohnehin auf die Beobachtung der hübschen Lurche beschränken, und dann kann wirklich nichts passieren. Die schwarz-gelbe Farbe der Feuersalamander ist wahrscheinlich, wie auch bei den Wespen, eine Warnfärbung. Sie signali-

Keineswegs selten ist der Feuersalamander in den Laubwäldern der Pfalz. Aufgrund seiner nächtlichen Lebensweise bekommt man ihn dennoch kaum zu Gesicht.

siert potentiellen Freßfeinden: Vorsicht, giftig oder zumindest übel schmeckend! Diese Warnung wird von den meisten Tieren auch verstanden. Das giftige Hautsekret erfüllt aber sicher auch noch eine weitere Schutzfunktion. In dem feuchten Milieu, in dem die Salamander leben, gedeihen normalerweise auch Krankheitserreger wie Pilze und Bakterien prächtig. Der Giftcocktail der Salamanderhaut (Samandarin ist nur einer von mehreren Bestandteilen) wehrt auch diese winzigen, aber nicht minder gefährlichen Feinde erfolgreich ab.

Feuersalamander ernähren sich vor allem von Schnecken, Würmern und Hundertfüßern. Sie leben bevorzugt in Laubwäldern, benötigen aber zur Fortpflanzung klare, sauerstoffreiche Bäche oder Kolke. Diese werden etwa ab April von den trächtigen Weibchen aufgesucht. Feuersalamander gebären lebende Junge, legen also nicht, wie die meisten heimischen Lurche, Eier bzw. Laich. Die kleinen 2,5 bis 3,5 Zentimeter langen Salamander sind Kiemenatmer und sehr gut an das Leben im Wasser angepaßt. Wie auch die erwachsenen Lurche ernähren sie sich räuberisch. Ihre Opfer sind Larven von Eintags- oder Steinfliegen und sehr häufig Flohkrebse. Meist zum Herbst erfolgt dann der Übergang zum Landleben, die Metamorphose. Die Kiemen werden „eingeschmolzen", der seitlich abgeplattete Ruderschwanz wird wurmförmig rund, die Farbe ändert sich von bräunlich gescheckt zu dem auffälligen Schwarz-gelb.

Fremdling mit Räubermaske

Sehr wahrscheinlich ist, daß Feuersalamander auf ihren nächtlichen Streifzügen einem Tier begegnen, das erst vor einigen Jahren im Pfälzerwald heimisch wurde, dem Waschbären *(Procyon lotor)*. Der bis zu zwölf Kilogramm schwere Kleinbär (Familie *Procyonidae*) mit buschigem Ringelschwanz und der schwarzen Gesichtsmaske ist kaum mit anderen einheimischen Tieren zu verwechseln. Die eigentliche Heimat des Waschbären ist Amerika. Dort kommt er vom südlichen Kanada bis ins zentralamerikanische Panama vor. Die westdeutsche Population wurde erst 1934 begründet. Damals setzte man im Forstamt Vöhl am hessischen Edersee zwei Paare aus. Bis 1954 standen die Neulinge sogar unter Schutz, und wohl kaum einer hatte mit der enormen Anpassungsfähigkeit gerechnet, die den Kleinbären die Möglichkeit zur fast explosionsartigen Ausbreitung gab. Knapp zwanzig Jahre nach der Aussetzung schätzte man den Bestand auf rund 250 Tiere, 1959 hatten sie schon ein Territorium von 5000 Quadratkilometern besetzt, und man ging von einer Anzahl von 500 bis 1000 aus. Anfang der 60er Jahre kamen die ersten Waschbär-Meldungen aus Rheinland-Pfalz, und zehn Jahre später wurde die westdeutsche Waschbärpopulation auf unglaubliche 70 000 Stück geschätzt. In Untersuchungen konnte sehr gut die Ausbreitung in konzentrischen Ringen um den Edersee nachgewiesen werden. So darf man annehmen, daß zumindest die westeuropäischen Waschbären mit hoher Wahrscheinlichkeit auf nur vier Urahnen zurückzuführen sind. In nicht einmal 70 Jahren hat es der vitale Kleinbär geschafft, ganz Deutschland, Belgien, die Niederlande und große Teile Frankreichs zu besiedeln.

Hauptfeind ist das Auto

Eine weitere Ausbreitung wird kaum aufzuhalten sein, zumal es an natürlichen Feinden fehlt. Die einzige ernsthafte Bedrohung stellt das Auto dar. Waschbären sind Allesfresser, die sich auch gerne an Aas sattfressen. Das wiederum finden sie hierzulande in großer Menge entlang der stark befahrenen Straßen, und dort werden sie dann selbst zum Opfer.

Waschbären leben bevorzugt in alten Laubwaldbeständen mit geschlossenem Blätterdach und „Wasseranschluß". In trockenen Nadelwäldern findet man sie nie. So ist ihre Verbreitung im Pfälzerwald auch auf entsprechende Areale, vor allem etwa im Südwesten, beschränkt. Ihre Nahrung besteht aus Insekten, Schnecken, Krebsen, Fischen, Jungvögeln, Kleinsäugern, jungen Bisamratten, Kaninchen, Beeren, Getreide, Früchten – also aus allem, was irgendwie genießbar erscheint. Besonders ihre Vorliebe für Jungvögel und Vogeleier hat ihnen einen schlechten Ruf eingebracht. Starke Waschbärpopulationen können offensichtlich der Vogelwelt erhebliche Verluste zufügen.

Warum eigentlich Waschbär?

Warum der Waschbär Waschbär heißt, ist immer wieder Anlaß zu wilden Spekulationen. Wie nicht selten bei Tiernamen, die ja von Menschen vergeben werden, beruht auch dieser auf einem Irrtum. In Gefangenschaft beobachtete man häufig Waschbären, die ihr Futter zum Wasser trugen und es scheinbar wuschen. Tatsächlich ist dies nur eine Ersatzhandlung, die die hauptsächliche Art des Beuteerwerbs in Freiheit nachahmt. Unter natürlichen Bedingungen wühlen und tasten die Waschbären oft in Gewässern nach Krebsen, Mollusken, Kaulquappen oder Fischen. Da das bei der „Fertignahrung" im Gehege nicht nötig, ihnen dieses Verhalten aber offenbar angeboren ist, reagieren sie sich durch dieses scheinbar unnötige „Waschen" ab.

Inwieweit die eingeführten Waschbären eine ökologische Nische besetzten, die ohnehin frei war, oder ob sie in Konkurrenz zu anderen Säugetieren stehen, ist noch nicht abschließend geklärt. Ihr Nahrungsspektrum deckt sich teilweise mit dem des Dachses, andere Verhaltensweisen, wie das Ruhen in Baumhöhlen oder Felsspalten, könnte sie in Konkurrenz zur Wildkatze stellen. Tatsache ist, daß der Waschbär zum festen und aufgrund seiner nächtlichen, versteckten Lebensweise kaum jagbaren und

Bereicherung unserer Säuger-Fauna oder schädlicher Konkurrent heimischer Arten? – Ein abschließendes Urteil über den vor rund 60 Jahren bei uns eingebürgerten Waschbären ist noch nicht gefällt.

damit nicht mehr auszurottenden Bestandteil unserer Fauna geworden ist. Sicher ist es wichtig und interessant, die weitere Ausbreitung und auch die langfristigen Auswirkungen der Einbürgerung des Waschbären zu verfolgen. Vielleicht zeigt sich eines Tages, daß unsere ohnehin dezimierte Fauna den liebenswerten Neuling sogar einigermaßen schadlos verkraften konnte.

Wildschweine

Bei Wanderungen durch die ausgedehnten Laubwaldgebiete des Pfälzerwaldes stößt man nicht selten auf Bereiche im Boden, die aussehen, als ob jemand versucht hätte, hier umzugraben. Es sind die Spuren einer Wildschweinmahlzeit. Je nach Größe der Rotte des von Weibchen, den Bachen, geführten Familienverbandes, kann die aufgewühlte Fläche beachtlich sein. Was wie ein schwerer Schaden aussieht, ist dem Wald von Nutzen. Der Boden wird aufgelockert, ganz so, wie man das auch selbst im Garten gelegentlich zu tun pflegt. Der Vergleich mit dem Umgraben ist deshalb gar nicht so verkehrt. Diese Art des Nahrungserwerbs ist allerdings dann problematisch, wenn die Wildschweine *(Sus scrofa)* sich auf Äckern bedienen. Da kann es schon einmal passieren, daß ein ganzes Feld in einer Nacht dem Erdboden gleichgemacht wird. Den Bauern wird man wohl selten zum Wildschweinfreund machen können, wenn man versucht, ihn davon zu überzeugen, daß die schweinische Freßorgie auch ihr Gutes hatte, sie nämlich der Auflockerung des Bodens diente. Diese Konflikte sind allerdings im Pfälzerwald eher die Ausnahme. Die Landwirtschaft ist ja in vielen Bereichen stark rückläufig, die Schweine daher vor allem auf den Wald als Futterquelle angewiesen. Das ist nicht immer so einfach. Lediglich in Mastjahren, wenn Buchen und Eichen überreichlich Samen entwickeln, ist es leicht, den Bauch zu füllen. Auch wo Kastanien häufig sind, also im östlichen Pfälzerwald, gibt es reichlich Futter, um den unerläßlichen Winterspeck anzufressen. Aber ein mittelgroßes Schwein benötigt rund vier Kilogramm Eßbares jeden Tag. Da wundert es nicht, daß sie 85 Prozent ihrer aktiven Zeit damit verbringen, Nahrung zu suchen. Es soll aber nicht verschwiegen werden, daß das Durchschnittswildschwein täglich dreizehn bis sechzehn Stunden ruht. Kein ganz schlechtes Leben, insgesamt betrachtet.

Wählerische Feinschmecker

Und was frißt so ein Schwein eigentlich, wenn es nicht gerade einen Kartoffelacker leerräumt? Wildschweine sind uns, was die Eßgewohnheiten angeht, nicht unähnlich. Wie Menschen, so sind nämlich auch sie Allesfresser und – was man ihnen vielleicht nicht unbedingt zutraut – echte Feinschmecker. Sie verfügen über den besten Geruchssinn aller Säugetiere und über einen sehr feinen Geschmackssinn. Das demonstrieren sie zum Beispiel auf dem Kartoffelacker, wo sie, wenn der Hunger nicht gerade gewaltig ist, nur Speisekartoffeln, selten aber die geschmacklich schlechteren Industriekartoffeln ausgraben. Auch bei der Futtersuche im Wald beweisen sie Geschmack. Wenn sie Pilze fressen, dann bitte nur Trüffel, andere Pilze finden nur in verschwindend geringen Mengen den Weg in den Schweinebauch. Von den Kräutern ist ihnen der würzige Bärenklau der liebste. Neben pflanzlicher Kost steht eine große Vielfalt tierischer Produkte auf dem Speisezettel. Schnecken, Würmer und Engerlinge wühlen sie mit ihrem kräftigen Rüssel aus der Erde. Auch Kleinsäuger wie Mäuse oder Maulwürfe werden gern gefressen. Immer wieder erbeuten sie Eidechsen und räumen Nester bodenbrütender Vogelarten aus. Selbstverständlich wird Aas nicht verschmäht. Es gibt Berichte über Wild-

Flink, stark und hochintelligent sind Wildschweine – sie haben nur wenig gemein mit ihren domestizierten Vettern.

schweine, die größerem Wild, etwa jungen Rehen, Hirschkälbern oder kranken Tieren, nachstellen und sie zur Strecke bringen. Zuzutrauen ist es diesen hochintelligenten, flinken und kräftigen Tieren allemal.

Sprechen und Verstehen mit Nase und Ohren

Aufgrund der relativ intensiven Bejagung, der die Wildschweine ausgesetzt sind, haben sie ihre Aktivitäten auf die Dämmerungs- und Nachtstunden verlegt und sind allgemein extrem scheu. Das fiel ihnen sicher nicht sehr schwer, denn sehen können sie mit ihren kleinen Äuglein ohnehin nicht sonderlich gut. Kommunikation läuft unter Schweinen vor allem über die Nase sowie die Ohren, und das funktioniert zu allen Tages- und Nachtzeiten gleich gut. Diese Aktivitätsverlagerung sorgt auch dafür, daß Begegnungen zwischen Wildschweinen und Menschen recht selten vorkommen. Da bei der Jagd in der Regel die älteren Tiere weggeschossen werden, erreichen Wildschweine nur selten ein hohes Alter, also auch nur selten ihre maximale Größe. Ein 100 Kilogramm schweres Wildschwein gilt heutzutage schon als stattlich. Damit liegt es aber noch weit entfernt von den Riesen vergangener Tage. Glaubwürdige Überlieferungen aus dem Mittelalter sprechen von Keilern mit Gewichten deutlich über 300 Kilogramm. Der Gedanke, nichtsahnend durch den Wald zu streifen und plötzlich solch einem Koloß gegenüberzustehen, ist einigermaßen beängstigend.

Wehe, wenn sie wütend werden

Aber auch ein „modernes" Wildschwein, selbst wenn es sich im Vergleich zu seinen Urahnen recht zierlich ausnimmt, flößt durchaus Respekt ein. Insbesondere Bachen, die Frischlinge führen, dürften die mit Abstand gefährlichsten Tiere in deutschen Wäldern sein. Sie nehmen ihre Mutterrolle sehr ernst und reagieren überaus ungehalten, sobald sie der Meinung sind, jemand könnte ihren Kleinen Schaden zufügen wollen. Natürliche Feinde haben Wildschweine in Mitteleuropa so gut wie nicht. Die meisten gehen dennoch vor Erreichen des dritten Lebensjahres zugrunde. Parasiten wie Lungenwürmer oder die Schweinepest sind die häufigsten Todesursachen. Raubtiere, die groß und kräftig genug sind, ein ausgewachsenes, gesundes Wildschwein zu reißen, gibt es nicht mehr. Nicht einmal der Luchs, von dem in diesem Kapitel noch die Rede sein wird, ist dazu imstande.

Der Rothirsch

Auch einem ausgewachsenen Rothirsch *(Cerphus elaphus)* kann außer dem Menschen hierzulande kein Tier gefährlich werden. Wie die Wildschweine, so ziehen auch die Rothirsche zumeist in größeren, von Weibchen, den Hirschkühen, geführten Rudeln durch den Wald. Völlig geschlossene Wälder sagen ihnen allerdings wenig zu. Zum Fressen suchen sie gerne Waldwiesen und größere Lichtungen auf, und es hat sich gezeigt, daß die Rudelgröße zunimmt, je offener die Landschaft ist. Die mit einer maximalen Schulterhöhe von 150 Zentimetern fast schon pferdegroßen Hirsche legen täglich große Strecken im Wald zurück. Daher bieten nur noch wenige Gebiete in Deutschland überhaupt geeignete Lebensräume, die nicht durch ein dichtes Netz von Straßen und Siedlungen zerschnitten sind. Rothirsche kommen bei uns mittlerweile nur noch in rund fünfzehn Prozent ihres ursprünglichen Verbreitungsgebietes vor.

Einst fast ausgerottet

Selbst im Pfälzerwald stand der Rothirsch mehrmals kurz vor dem Aussterben. Die zahlreichen kriegerischen Ereignisse in dieser oft umkämpften Grenzregion sorgten für eine dramatische Abnahme der Bestände. Wilderei, sowohl durch herumziehende Soldaten als auch durch notleidende Bauern, war in solchen Zeiten kaum zu kontrollieren. Zwischenzeitlich konnten sich die Bestände durch Zuwanderung aus den benachbarten Rotwildgebieten der Vogesen, des Saarberglandes, des Hunsrücks und aus dem Trierer Hochwald immer wieder regenerieren. Dennoch war zu Beginn unseres Jahrhunderts Rotwild allenfalls ein sporadischer Gast. Mit der Gründung des „Hirschgatters Johanniskreuz" um 1920 unternahmen engagierte Forstleute und Jäger einen Versuch, den Rothirsch wieder heimisch zu machen. Direkt hinter dem Forstamtsgebäude bei Johanniskreuz, im Herzen des Pfälzerwaldes, legte man ein großes Eingewöhnungsgehege, ein sogenanntes Gatter, an, in das Rothirsche, unter anderem aus dem Odenwald, dem Fichtelgebirge und den Niederlanden, eingesetzt wurden. Im Jahre 1936 wurde das Gatter wieder aufgelöst, die Hirsche in die Freiheit entlassen, wo sich der Bestand zunächst gut entwickelte. Schon während des Krieges und direkt im Anschluß daran aber sorgten Wilderer und auch die Besatzungstruppen für eine erneute Dezimierung. Nachdem einige Jahre später aber die Jagdhoheit wieder in deutschen Händen lag, begann man mit dem Aufbau eines qualitativ hochwertigen Rotwildbestandes. Den Pfälzerwald unterteilte man dazu in Zonen, für die jeweils eine bestimmte Rotwilddichte angestrebt wird. In Kernzonen sollen 1,5 Hirsche pro 100 Hektar toleriert werden, in den Randzonen 0,7 pro 100 Hektar. Außerdem wurden auch Bereiche ausgewiesen, die man frei von Rotwild halten will. Diese strikte Einteilung in Zonen und die genauen Bestandsvorgaben spiegeln einen dauernden Konflikt zwischen Forstwirtschaft und Jagd wieder.

Rotwild sorgt für Konflikte

Als wenig wählerische Pflanzenfresser sind die Hirsche als Forstschädlinge verschrien und werden, wo sie vorkommen, für den Verbiß, das Abfressen junger Bäume und Triebe verantwortlich gemacht. Rotwild und „naturnahe" Waldwirtschaft, wo unter anderem auch auf die natürliche Verjüngung der Waldbestände durch Samen der vorhandenen Bäume gesetzt wird, vertragen sich offenbar nicht. Wo Rotwild auftritt, sagen manche Forstleute, kommen keine jungen Bäume mehr hoch. Freilich gilt dies in ähnlicher Form auch für Rehe und Wildschweine. Die radikalste Lösung wäre demzufolge ein wildfreier Wald. Dabei aber noch von naturnah zu sprechen, klingt ein wenig absurd. Die großen Wildtiere haben schon immer Einfluß auf die Vegetationszusammensetzung im Wald genommen. Verbiß sorgt unter anderem auch für eine durchaus wünschenswerte Ausdünnung der in manchen Jahren massenhaft auftretenden jungen Bäume. Wird der junge Baum nicht radikal abgefressen, so kann sich dieses natürliche „Beschneiden" ähnlich positiv auf das spätere Wachstum auswirken wie der künstliche Beschnitt, den wir unseren Obstbäumen im Garten angedeihen lassen.

Da die großen Raubtiere bei uns fehlen, muß der Mensch lenkend auf die Bestände einwirken. Das bedeutet aber nicht nur, möglichst kapitale Hirsche totzuschießen, sondern auch, sich mit den natürlichen Ansprüchen dieser großen Tiere auseinanderzusetzen. So benötigen die Hirsche ausreichend große Ruhezonen, aus denen Störungen – auch durch Wanderer und Sportler – ferngehalten werden sollten. Der Jäger sollte Sozialverhalten und natürliche Altersstrukturen in Hirschrudeln kennen, um nicht durch unüberlegtes Abschießen, etwa von erfahrenen Leittieren, das soziale Gefüge im Rudel durcheinanderzubringen. Von den Forstleuten wiederum ist ein gewisses Maß an Toleranz gefordert, was „Wildschäden" anbelangt.

Die Wildkatze – Kampf gegen Vorurteile

Auf Toleranz durfte ein besonders scheuer Bewohner des Pfälzerwaldes, die Wildkatze *(Felis silvestris)*, lange Zeit kaum zählen. Noch 1931 äußerte sich ein Autor in einem Lehrbuch zur Niederjagd wenig freundlich über die kleine Raubkatze: *„Es wird keinen Jäger geben, der der*

Zu Beginn der Brunftzeit übt dieser Rothirsch für die anstehenden Revierkämpfe. Sein wehrloser Gegner: ein Grasbüschel.

Wildkatze nicht unausgesetzt und ohne Rücksicht auf die Jahreszeit und den größeren Wert des Balges nachstellen und der ruhen und rasten würde, bevor es ihm gelungen ist, sein Revier und sein Wild von diesem unheilvollen Gaste befreit zu haben, zumal die Seltenheit des Vorkommens den Reiz der Erlegung ungemein steigert." Tatsächlich hatten ähnlich „qualifizierte" Mordaufrufe zu diesem Zeitpunkt die Wildkatze in Mitteleuropa bereits an den Rand der Ausrottung geführt. Rational läßt sich die Abneigung der Jäger gegenüber diesem faszinierenden Tier kaum erklären. Ein Grund für das völlig übertriebene Aufbauschen ihrer Gefährlichkeit liegt aber sicher im Verschwinden der großen Raubtiere Wolf, Bär und Luchs aus den mitteleuropäischen Wäldern. Der Abschuß dieser als Nahrungskonkurrenten des Menschen in Erscheinung tretende Großsäuger wurde mit lukrativen staatlichen Prämien und zusätzlichen Spenden dankbarer Bauern belohnt. Nach „erfolgreicher Schädlingsbekämpfung", sprich Ausrottung, stand es natürlich schlecht um weitere Einnahmen, also mußte ein neues Feindbild aufgebaut werden.

Dabei bemühte man dann die nächstkleinere Kategorie der Raubtiere. Fuchs, Dachs, Fischotter und besonders die Wildkatze wurden gezielt zu wahren Bestien hochstilisiert. *„Die Nahrung der Wildkatze besteht aus allen warmblütigen Tieren, die sie zu bewältigen vermag. Das Rehkitz ist durch sie ebenso gefährdet wie die Maus, und die Auerhenne ist nicht sicherer, als der kleine an der Erde brütende Singvogel. Sie gehört somit zu den schädlichsten Raubtieren unserer Heimat, und es dürfte selbst dem größten Tierfreund schwer werden, ihrem Leben irgend eine sympathische Seite abzugewinnen"*, war noch einem 1912 erschienenen *„Handbuch für den Jäger, Landwirt und Forstmann"* zu entnehmen. Nur wenige Fürsprecher hatte die Wildkatze im 19. und beginnenden 20. Jahrhundert. Alfred Brehm gibt 1864 im berühmten *„Brehms Tierleben"* zu bedenken: *„Kleine Säugetiere also bilden den Hauptteil der Beute unseres Raubtieres, und da unter diesen die Mäuse häufiger sind als alle übrigen, erscheint es sehr fraglich, ob der Schaden, welchen die Wildkatze verursacht, wirklich größer ist als der Nutzen, den sie bringt."* Über das wirkliche Beutespektrum der Wildkatze wußte man also damals längst Bescheid.

Wühlmäuse, Ratten und andere kleine Nager sind die Hauptbeute der Wildkatze. Der Pfälzerwald beherbergt die bedeutendste Population Deutschlands.

Nur für Mäuse ein fürchterlicher Feind

Die Wildkatze ist etwas größer und kräftiger als die Hauskatze und unterscheidet sich äußerlich durch ihren buschigen Schwanz, das relativ langhaarige Fell, ein etwas verwaschen wirkendes Tigermuster und die fleischfarbene Nase von getigerten Hauskatzen. Sie lebt als Einzelgänger und ist als solcher, anders als die in Rudeln jagenden Löwen, normalerweise nicht in der Lage, Beutetiere zu erlegen, die größer sind als sie selbst. Gelingt ihr das doch einmal, so handelt es sich durchweg um geschwächte Tiere, etwa ein krankes oder angeschossenes Reh. Hauptsächlich aber frißt sie hierzulande Mäuse, vor allem Wald- und Schermäuse. Besonders letztere sind bei Land- und Forstwirten allgemein wenig beliebt. An die Aktivitätsphasen dieser kleinen Nager hat die Wildkatze ihren Lebensrhythmus angepaßt. Tagsüber ruht sie, bevorzugt an versteckten, aber dennoch sonnigen Plätzen wie entlegenen Felsen oder in den Ästen alter Bäume. Diese Ruheplätze wechselt sie häufig. In ihrem Revier muß es also stets mehrere davon geben. Am späten Nachmittag beginnt sie dann, sich allmählich auf die „Nacht-

Etwa ein halbes Jahr alt
ist diese junge Wildkatze.
Gut zu erkennen ist
die rosarote Nase,
ein wichtiges Unter-
scheidungsmerkmal
zur getigerten Form
der Hauskatze.

schicht" vorzubereiten. Nach ausgiebigem Räkeln folgt intensive Körperpflege, die meist durch das Schärfen der Krallen an einem immer wieder aufgesuchten Kratzbaum abgeschlossen wird. Dann, kurz vor Sonnenuntergang, geht es auf die Jagd, und die zieht sich durch die ganze Nacht hindurch und endet am frühen Morgen. Dabei werden mitunter, abhängig vom Nahrungsangebot, Gebiete von deutlich über zehn Quadratkilometern durchstreift.

Im Pfälzerwald fühlt sie sich wohl

Aus dem beschriebenen typischen „Arbeitstag" einer Wildkatze läßt sich zweierlei ableiten. Zum einen wird deutlich, warum man als Wanderer diesem vor allem nachtaktiven Tier nur äußerst selten begegnen wird, zum anderen kann man den Schluß ziehen, daß der Pfälzerwald den Ansprüchen der Wildkatze in hohem Maße gerecht wird und sie daher hier auch relativ häufig ist.

Große, zusammenhängende Wälder, störungsfreie Rückzugsgebiete, Altholzbestände und Felsen mit sonnigen Ruheplätzen sowie geschützte Verstecke, wo sie ihre Jungen aufziehen können, finden die Wildkatzen im Pfälzerwald und den angrenzenden Nordvogesen reichlich. Die Wildkatzenpopulation des Pfälzerwaldes geht nahtlos in die der Nordvogesen über – europäische Einigung hat hier längst stattgefunden. Zusammen mit der Eifel, dem Saarland und Luxemburg bilden Pfälzerwald und Nordvogesen das bedeutendste Areal für Wildkatzen in Mitteleuropa.

In einer 1997 erschienenen Studie der Firma Öko-Log (im Auftrag des Landesamtes für Umweltschutz und Gewerbeaufsicht Rheinland-Pfalz) wird der aktuelle Wildkatzenbestand des Pfälzerwaldes auf 122 bis 306 Tiere geschätzt. Grundlage dieser Zahlen waren intensive Befragungen von Forstämtern, Jägern und Naturschützern über Sichtungen von Wildkatzen sowie die Analyse weiterer Daten, wie etwa Totfunde. Andere Autoren schätzen den Bestand auf 300 bis 400 Tiere. Die tatsächlichen Zahlen werden sich vermutlich irgendwo in diesem Rahmen bewegen. Aufgrund der aus menschlicher Sicht versteckten Lebensweise der Wildkatzen sind exakte Zahlen kaum zu ermitteln. Beobachtungen erfolgen in den meisten Fällen zufällig, und oft ist es nicht einfach, bei der häufig nur flüchtigen Begegnung zweifelsfrei festzustellen, ob es sich bei dem gesehenen Tier tatsächlich um eine Wildkatze oder nur um eine getigerte Hauskatze auf Abwegen handelte. Aus den Befragungen ließ sich neben der ungefähren Populationsgröße auch folgern, daß die Wildkatzen praktisch den gesamten Pfälzerwald besiedeln. Zwei größere Kernzonen mit besonders hoher Dichte bilden aber der Mittlere Pfälzerwald (zwischen Bundesstraße 10 im Süden und Autobahn A 6 im Norden) und der westliche Wasgau, wobei letzterer wohl als Ausläufer einer größeren Kernzone in den Nordvogesen angesehen werden kann.

Schätzungen gehen davon aus, daß in ganz Deutschland lediglich zwischen 1500 und 2 000 Wildkatzen vorkommen. Angesichts dieser Zahl wird deutlich, wie groß und bedeutend die Wildkatzenpopulation im Pfälzerwald ist.

Wovor sich Wildkatzen fürchten müssen

Der schlimmste Feind der Wildkatze ist nach wie vor der Mensch. Auch wenn der „Schädlingsgedanke" allmählich aus den Köpfen verschwindet, kommt es doch immer wieder zu Abschüssen durch Jäger, die sie für eine verwilderte Hauskatze gehalten haben. Dennoch ist gerade in der Jägerschaft mittlerweile die Bereitschaft gewachsen, Wildkatzen als natürlichen Teil des Ökosystems Wald zu akzeptieren, und die Unterstützung bei der von Öko-Log durchgeführten Befragung unterstreicht diese erfreuliche Entwicklung. Junge Katzen fallen vermutlich sehr häufig Hermelinen, Mardern und Füchsen zum Opfer, die in das Versteck eindringen, wenn die Mutter unterwegs ist, um Futter heranzuschaffen. Erwachsene Katzen haben jedoch außer dem Menschen (in Form des Jägers oder Autofahrers) keine natürlichen Feinde zu fürchten – es sei denn, der Luchs kehrt dauerhaft in den Pfälzerwald zurück.

Der Luchs – die Rückkehr der großen Katze?

Luchse *(Lynx lynx)* im Pfälzerwald – für manche ein Alp-, für andere ein Wunschtraum, der keine schlechten Chancen hat, in Erfüllung zu gehen. Anfang der 80er Jahre des 20. Jahrhunderts gab es erste vereinzelte Meldungen über Sichtungen der großen Katze mit den charakteristischen Pinselohren und dem grauen Backenbart. Seit 1991 nahm die Häufigkeit derartiger Beobachtungen stetig zu, und mittlerweile kann man davon ausgehen, daß sich ungefähr acht Luchse permanent im Pfälzerwald tummeln. Bereits 1990 hatte eine Untersuchung, durchgeführt von der Wildbiologischen Gesellschaft München, gezeigt, daß sich der Pfälzerwald grundsätzlich zur Ansiedlung des Luchses eignet. In einer weiteren Studie, die die Chancen einer Wiederansiedlung des Luchses im Pfälzerwald prüfen sollte, wertete die schon im Abschnitt über die Wildkatze erwähnte Firma Öko-Log 136 Hinweise auf Luchse aus, die zwischen 1980 und Anfang 1998 gesammelt wurden. Aus diesen Meldungen ließ sich folgern, daß in den vergangenen zehn Jahren vermutlich fünfzehn bis zwanzig unterschiedliche Luchse zumindest zeitweilig im Pfälzerwald lebten. Dabei ist die Herkunft der Tiere noch nicht eindeutig geklärt. Bei einigen lag der Verdacht nahe, daß es sich um illegal ausgesetzte Gehegetiere handelte. Sie verhielten sich zuwei-

Seit Anfang der 90er Jahre nimmt die Zahl der Luchs-Beobachtungen im Pfälzerwald stetig zu. Es gibt auch gesicherte Nachweise über erfolgreiche Fortpflanzungen.

len wenig scheu, suchten sogar offensichtlich die Nähe menschlicher Ansiedlungen und zeigten damit alles andere als luchstypisches Verhalten. Die Mehrzahl der Hinweise aber dürfte sich auf „wilde" Luchse beziehen.

Besuch aus den Vogesen?

In diesem Zusammenhang ist es naheliegend, die Beobachtungen im Zusammenhang mit einem Projekt zur Wiedereinbürgerung des Luchses in den Südvogesen zu sehen. Dort wurden seit 1983 immerhin einundzwanzig Luchse ausgesetzt. Elf davon sind auf unterschiedliche Weise (illegaler Abschuß, Verkehrstod, Krankheit) ums Leben gekommen, so daß letztendlich sechs Männchen und vier Weibchen übrig blieben, die die Vogesen-Population begründen konnten. Nach den anfänglichen Rückschlägen durch die unerwartet hohe Anzahl von Todesfällen ließen sich bis heute zahlreiche erfolgreiche Fortpflanzungen nachweisen, und es scheint, daß sich die Luchse hier zumindest vorerst etabliert haben. Allerdings beschränkten sich die Aussetzungen auf den Raum zwischen Mühlhausen und dem Massif du Climont, etwa vierzig Kilometer nördlich von Colmar. Bis zum südlichen Pfälzerwald hätten die Luchse also immer noch eine Strecke von gut einhundert Kilometern zurückzulegen. Das stellt Luchse normalerweise nicht vor allzu große Probleme, schwierig, aber nicht unmöglich dürfte für sie nur die Überquerung der Zaberner Steige mit der dort engen Bündelung verschiedener Verkehrswege sein. Daher ist die grenzüberschreitende Ausbreitung aus den Süd- über die Nordvogesen in den Pfälzerwald derzeit die plausibelste Erklärung für das Auftauchen der Luchse.
Wie bei der Wildkatze, ist die beträchtliche Größe des einheitlichen Waldgebietes Nordvogesen / Pfälzerwald die Voraussetzung für eine mögliche Rückkehr des Luchses. Auch er benötigt große, ungestörte Areale, die nicht im Abstand weniger Kilometer durch Siedlungen oder Hauptverkehrsstraßen zerschnitten sind. Erfolgreiche Fortpflanzung in den Südvogesen vorausgesetzt, kann man erwarten, daß die Luchse sich nach und nach in benachbarte Waldgebiete ausbreiten, zumal dann, wenn im ursprünglichen Lebensraum alle vorhandenen Reviere besetzt sind.

Eine große Katze braucht viel Platz

Luchse sind bedeutend größer als Wildkatzen. Große Männchen können bis zu 38 Kilogramm schwer werden (Wildkatze: maximal neun Kilogramm). Mit einer Schulterhöhe von 75 Zentimetern sind sie ungefähr so groß wie ein ausgewachsener Deutscher Schäferhund. Um ihren Nahrungsbedarf von täglich knapp vier Kilogramm Rohfleisch (einschließlich Fell und Knochen) decken zu können, benötigen sie, je nach Nahrungsangebot, Reviere von fünfzig bis hundert Quadratkilometern. Legt man diese, für mitteleuropäische Waldgebiete realistische mittlere Reviergröße zugrunde, so ergibt sich daraus, daß Pfälzerwald und Nordvogesen rund 25 bis 50 Luchse aufnehmen könnten. Der beträchtliche Raumbedarf des Luchses, zusammen mit der dämmerungs- und nachtaktiven Lebensweise sowie seiner natürlichen Scheu vor den Menschen, sorgt dafür, daß Begegnungen zwischen Mensch und Raubkatze dennoch immer zu den großen Seltenheiten zählen. Dies macht es auch sehr schwer, genaue Daten über aktuelle Bestände zu ermitteln.

Luchse meiden Menschen

Eine Gefahr stellt der Luchs für Menschen nicht dar, und ein Waldspaziergang bliebe auch bei einer flächendeckenden Besiedlung des Pfälzerwaldes durch den Luchs genauso ungefährlich wie zuvor. Horrorgeschichten von Angriffen auf Menschen entbehren jeder Grundlage, auch wenn sie in vergangenen Jahrhunderten genutzt wurden, um den ohnehin schlechten Ruf der Katze als auszurottenden Schädling zu untermauern. *„Der Luchs, eine große Katzenart, hielt sich noch um die zweite Hälfte des 18. Jahrhunderts vereinzelt im urwaldähnlichen Dickicht des Pfälzerwaldes auf, bis er ganz vertilgt wurde. Er richtete unter dem Haarwild des Waldes größte Verheerungen an"*, war noch in der 1930 erschienenen „Pfälzischen Forst- und Jagdgeschichte" nachzulesen. Bedauern über das Verschwinden einer faszinierenden Großtierart läßt sich wohl kaum erkennen.
Entsprechend seiner beträchtlichen Körpergröße ist das Beutespektrum des Luchses ein anderes als das der vergleichsweise kleinen Wildkatze. Um die oben angeführten knapp vier Kilogramm Fleisch zu bekommen, die er täglich benötigt, ist es für den Luchs unumgänglich, größere Beutetiere zu schlagen. Wollte er seinen Fleischbedarf nur auf der Basis von Mäusen, Kleinvögeln und Insekten decken, würde er mehr Energie bei der Nahrungssuche verwenden, als er über die Jagdbeute wieder hereinholen könnte. Die meisten Untersuchungen zeigen, daß in Mitteleuropa das Reh oder in Gebirgsregionen auch die Gemse Hauptbeutetier der Luchse ist. Hasen, Kaninchen und verwilderte Hauskatzen zählen darüber hinaus ebenfalls oft zur Luchsbeute. Im Pfälzerwald kommen sicher noch junge Wildschweine und Hirschkälber in Betracht. Erwachsene Hirsche oder Wildschweine dagegen sind für den Luchs deutlich zu groß.
Interessant ist auch die Frage, wie sich die Rückkehr der Luchse auf die Bestände der Wildkatze auswirkt. Aus anderen Regionen, wo beide Katzenarten nebeneinander vorkommen, weiß man, daß Luchse gelegentlich Wildkatzen töten. Das führte aber nicht zu deren Aussterben. Dennoch bedarf gerade das Verhältnis dieser beiden Tierarten einer sehr genauen Beobachtung. Keinesfalls kann es wünschenswert sein, die Wildkatze durch den Luchs zu ersetzen.

Jagderfolg durch Überraschung

Luchse sind Lauerjäger, die ihre Opfer überraschen und dann allenfalls über kurze Strecken verfolgen können. Wenn es einem Luchs gelingt, sich auf zwanzig Meter oder weniger an ein Tier anzuschleichen, kann er seine Jagd in siebzig Prozent der Fälle erfolgreich abschließen. Je eher aber ein potentielles Opfer den Jäger bemerkt, um so höher wird die Wahrscheinlichkeit, daß der Luchs leer ausgeht. Diese Jagdmethode hat wichtige Konsequenzen. Zum einen benötigt ein Luchs die angesprochenen großen Reviere. Nur durch ständigen Ortswechsel innerhalb seines Lebensraumes gelingt es ihm, seine Beute zu überraschen. So selektiert ein Luchs auch nicht schwache oder kranke Tiere aus, spielt also nicht die Rolle des Gesundheitspolizisten, sondern erbeutet vor allem unaufmerksame, unvorsichtige Tiere, die sich aufgrund der längeren Abwesenheit des Luchses in Sicherheit wähnen. Luchse können aufgrund ihrer Jagdmethode auch nicht die Ausrottung der Beutetiere verursachen. Wird die Populationsdichte, etwa der Rehe, zu gering, sinkt auch die Wahrscheinlichkeit für den Luchs, Beute zu machen. Er reagiert darauf, indem er seine Reviere vergrößert und damit seine eigene Populationsdichte der verfügbaren Beute anpaßt. Luchse, die kein Revier besetzen können, begeben sich auf Wanderschaft und besiedeln so neue Lebensräume.

Ein ausgewachsener Luchs erreicht die Größe eines deutschen Schäferhundes. Für Menschen stellt die scheue Großkatze dennoch keine Gefahr dar.

Ein Konkurrent des Jägers?

Untersuchungen aus anderen europäischen Luchsgebieten zeigten, daß die Raubkatzen zwischen fünf und maximal fünfzehn Prozent der Rehpopulation eines Waldgebietes „abschöpfen". Jäger schießen dagegen bis zu dreiunddreißig Prozent der Rehe ab, elf Prozent kommen durch Verkehrsunfälle oder auf natürliche Weise zu Tode. Die Anwesenheit des Luchses im Pfälzerwald würde also von der Jägerschaft gewisse Abstriche bei ihren Abschußquoten erfordern und wie sich bislang zeigt, sind die Pfälzer Jäger durchaus dazu bereit. Zu einem erfreulich hohen Prozentsatz stehen sie der Rückkehr des vermeintlichen Konkurrenten sehr positiv gegenüber. Damit ist eine der wichtigsten Voraussetzungen für eine langfristig erfolgreiche Wiederbesiedlung des Pfälzerwaldes durch den Luchs gegeben.

Die Wiederansiedlung des Luchses – eine Chance der Wiedergutmachung

Kleine Luchspopulationen, wie wir sie derzeit im Pfälzerwald vorfinden, sind extrem anfällig und langfristig nicht stabil. Eine Infektionskrankheit, eine Verkettung mehrerer Unglücksfälle oder einige illegale Abschüsse würden schon ausreichen, um dem Aufenthalt des Luchses in der Pfalz wieder ein schnelles Ende zu setzen. Wichtig ist daher, daß lokal möglichst rasch ein größerer Bestand aufgebaut wird, wozu es durchaus sinnvoll sein kann, auch Luchse auszusetzen, die in Gebieten mit stabilen Beständen eingefangen wurden.

Große Bedeutung kommt auch der sogenannten Vernetzung vorhandener Luchspopulationen zu. Momentan gibt es im westlichen Mitteleuropa freilebende Luchse in der Schweiz (Jura und Alpen), in den Vogesen und eben im Pfälzerwald. Nur wenn es diesen inselartig zersplitterten Gruppen möglich wird, Kontakt aufzunehmen und so auch eine Durchmischung des genetischen Materials herbeizuführen, können sich die Luchse auch langfristig wieder ansiedeln. Ansonsten ist die Gefahr groß, daß einzelne Populationen durch Inzucht oder fehlende Widerstandskraft gegen bestimmte Infektionen geschwächt werden und schließlich wieder erlöschen. Neben dem Pfälzerwald wäre natürlich eine Ansiedlung im Schwarzwald ebenso wünschenswert, um so eine weitere Lücke im Verbreitungsgebiet zu schließen und die Wahrscheinlichkeit eines Austausches zu steigern.

Erst wenn die Luchsbevölkerung in diesen Gebieten insgesamt auf über 500 angestiegen ist, bei gleichzeitiger Möglichkeit des permanenten Austauschs, kann man optimistisch in die Zukunft blicken. Erst bei dieser Zahl nämlich ist die wünschenswerte genetische Vielfalt vorhanden, die es einer Population ermöglicht, flexibel auf veränderte Umweltbedingungen, Krankheiten und sonstige Katastrophen zu reagieren. Luchsansiedlung ist zur Zeit weniger eine Frage der natürlichen Gegebenheiten als vielmehr des politischen Willens und der Koordination zwischen den betroffenenen europäischen Staaten. Es bietet sich hier aber eine einzigartige Chance der Wiedergutmachung. Eine seit über

Anders als sein Verwandter, der Steinmarder, der als Kulturfolger in die Städte vordrang, lebt der Baummarder ausschließlich im Wald.

In den abwechslungsreichen Mischwäldern finden Eichhörnchen stets ausreichende Mengen nahrhafter Pflanzensamen.
Sie ergänzen ihren Speiseplan aber gerne durch Vogeleier, Jungvögel, Insekten und Schnecken.

200 Jahren ausgestorbene Großtierart könnte wieder fester Bestandteil unserer großen Waldgebiete werden.

Naturvielfalt in einer alten Kulturlandschaft

Viele tausend Tier- und Pflanzenarten sind im Pfälzerwald zu Hause. Wollte man jeder einzelnen in ihrer Eigenart und manchmal verborgenen Schönheit gerecht werden, würden auch tausend Seiten eines Buches kaum ausreichen. Der Pfälzerwald ist mehr als „nur" ein großer Wald und alles andere als einförmig. Die Vielfalt der Lebensräume, die sich, nicht zuletzt durch menschlichen Einfluß, im Laufe der Zeit in dieser bemerkenswerten Kulturlandschaft entwickeln konnten, bietet Raum für Naturbeobachtungen und Entdeckungen in einer Fülle, wie sie in unserer dicht besiedelten Heimat nur noch selten möglich sind. Zwar ist die Chance gering, einer Wildkatze oder gar einem Luchs zu begegnen, jedoch allein das Gefühl zu haben, daß sie da sind, daß ihnen hier im Pfälzerwald ein geeigneter Lebensraum zur Verfügung steht, ist schön. Aber muß es unbedingt die spektakuläre Beobachtung einer Raubkatze sein? Am Waldboden, am Wegrand, in den großartigen Felsformationen, auf der Blumenwiese, im Tümpel oder Wiesenbach – überall leben Tiere und Pflanzen, die ein genaueres Hinsehen verdienen. Gerade diese Entdeckungen am Wegesrand sind es, die uns ein tieferes Verständnis für das Funktionieren natürlicher Lebensgemeinschaften ermöglichen.

Ein unwiderstehliches
Trio: Junge Füchse
erkunden voller Neugier
die Umgebung ihres
Baues.

REGISTER

In gleicher Ausstattung sind in unserem Programm erschienen:

108 Seiten, 86 Farbabbildungen, gebunden, DM 44,–, ISBN 3-7650-8195-7

Eines der großartigsten Naturschauspiele, die sich heute noch in Deutschland erleben lassen, ist der jährliche Zug der Grauen Kraniche. Was hinter diesem spektakulären Geschehen steckt und was es mit dem faszinierenden „Tanz der Kraniche" auf sich hat, wo in aller Welt die grauen Vögel ihre bunte Verwandtschaft haben und wie sie seit Jahrhunderten die Phantasien der Völker zu geheimnisvollen Mythen und vielfältigen Kunstwerken beflügelt haben – dies und vieles mehr wird von den drei renommierten Kranichforschern Dr. Wolfgang Mewes, Günter Nowald und Professor Hartwig Prange ebenso kenntnisreich wie lebendig und packend geschildert.

84 Seiten, 60 Farbabbildungen, gebunden, DM 39,–, ISBN 3-7650-8143-4

... Mit 60 phantastischen Farbfotos wird das heimliche Leben dieses faszinierenden Vogels dokumentiert ... Die Rheinpfalz

108 Seiten, 40 Farbabbildungen, zahlreiche Zeichnungen, gebunden, DM 44,– ISBN 3-7650-8104-3

Dieses Buch stellt die geheimnisvollen Vögel der Nacht in ihrem natürlichen Umfeld vor. *...Empfehlenswert...* Natur.

112 Seiten, 60 Farbabbildungen, gebunden, DM 48,–, ISBN 3-7650-8135-3

Hunderttausendfacher Mord an Singvögeln? In den Mittelmeerländern ja, aber niemals in Deutschland! Trotzdem ist es traurige Wirklichkeit: Jedes Jahr werden hierzulande Krähen, Elstern und Eichelhäher, die alle als Rabenvögel zu den Singvögeln gehören, in riesigen Mengen abgeschossen.
Das „schwarze Gesindel" weckt vielfach abergläubische Scheu und Aggressionen. Es gilt als schädlich, räuberisch, bedrohlich. Bei genauerer Betrachtung aber entpuppen sich die Tiere als intelligente, eindrucksvolle Vogelgestalten mit faszinierender Lebensweise und äußerst differenziertem Verhalten. Beides weiß der renommierte Ornithologe Dr. Wolfgang Epple inhaltsreich und spannend zu beschreiben.

108 Seiten, 80 Farbabbildungen, gebunden, DM 48,– ISBN 3-7650-8186-8

... Mit technisch perfekten und künstlerisch beeindruckenden Bildern entführen die Autoren den Betrachter in die einzigartigen Lebensräume der Tier- und Pflanzenwelt des Kaiserstuhls ... Badische Zeitung

120 Seiten, 80 Farbabbildungen, gebunden, DM 48,– ISBN 3-7650-8076-4

Dieser Bildband dokumentiert die einzigartige Naturlandschaft der Rheinauen. Mit einer Anleitung für naturverträgliche Wanderungen.
...Das Buch ist eine Werbung für den Schutz der letzten Flußauen... Naturschutz heute.